Zemsta

Aleksander Fredro

Zemsta
Copyright © JiaHu Books 2015
First Published in Great Britain in 2015 by JiaHu Books – part of Richardson-Prachai Solutions Ltd, 34 Egerton Gate, Milton Keynes, MK5 7HH
ISBN: 978-1-78435-182-3
Conditions of sale
All rights reserved. You must not circulate this book in any other binding or cover and you must impose the same condition on any acquirer.
A CIP catalogue record for this book is available from the British Library
Visit us at: jiahubooks.co.uk

Osoby	5
Akt I	7
Akt II	29
Akt III	54
Akt IV	75

Nie masz nic złego, żeby się na dobre nie przydało. Bywa z węża dryjakiew, złe często dobremu okazyją daje.

Andrzej, Maksymilian Fredro

Osoby:

Cześnik Raptusiewicz
Klara, jego synowica (bratanica)
Rejent Milczek
Wacław, syn Rejenta
Podstolina
Papkin
Dyndalski, marszałek Cześnika
Śmigalski, dworzanin Cześnika
Perełka, kuchmistrz Cześnika

Akt I

Pokój w zamku Cześnika; drzwi na prawo, lewo i środku; stoły, krzesła etc. - Gitara angielska na ścianie

Scena I

Cześnik, Dyndalski

Cześnik, w białym żupanie bez pasa i w szlafmycy, siedzi przy stole, po prawej od aktorów stronie; okulary na nosie, czyta papiery. — Za stołem, trochę w głębi, stoi Dyndalski, ręce w tył założone.

CZEŚNIK
jakby do siebie
Piękne dobra w każdym względzie:
Lasy — gleba wyśmienita —
Dobrą żoną pewnie będzie —
Co za czynsze! — To kobiéta!
Trzy folwarki...
DYNDALSKI
Miła wdowa.
CZEŚNIK
Arcymiła, ani słowa...
kładzie papiery
Cóż, polewki dziś nie dacie?
Dyndalski wychodzi
Długoż na czczo będę czekać?
po krótkim milczeniu
Nie, nie trzeba rzeczy zwlekać...
Dyndalski, spotkawszy we drzwiach hajduka niosącego na tacy wazkę, talerz, chleb etc., odbiera od niego i wraca. Zawiązuje serwetę pod szyję Cześnikowi, potem podaje talerz z polewką, co wszystko nie tamuje rozmowy.
Qua opiekun i qua krewny,
Miałbym z Klarą sukces pewny:
Ale Klara, młoda, płocha,
Chociaż dzisiaj i pokocha,
Któż za jutro mi zaręczy!
DYNDALSKI
nabierając na talerz

Nikt rozumny, jaśnie panie —
Rzecz to śliska.
CZEŚNIK
obracając się ku niemu
Tu sęk właśnie!
Na toż bym się, mocium panie,
Kawalerstwa dziś wyrzekał,
By kto...
uderzjąc w stół
Niech go piorun trzaśnie!
Długo będzie na to czekał.
po krótkim milczeniu, biorąc na talerz
Ma dochody w prawdzie znaczne —
Podstolina ma znaczniejsze;
Z wdówką zatem działać zacznę.
po krótkim milczeniu
Bawi z nami — w domu Klary,
Bo krewniaczka jej daleka,
Ale mnie się wszystko zdaje...
DYNDALSKI
Ona czegoś więcej czeka.
CZEŚNIK
parskając śmiechem
Ona czegoś... więcej... czeka...
A bodajże cię, Dyndalu,
Z tym konceptem — Czegoś czeka!
śmieje się
Tfy!... jakżem się uśmiał szczerze.
Czeka! — Bardzo temu wierzę.
jedząc i po krótkiej chwili
Jeszczeć młoda jest i ona,
Ależ wdowa — doświadczona,
Zna proporcją, mocium panie,
I nie każe fircykować,
Po kulikach balansować.
po krótkiej chwili
No — nie sekret, żem niemłody,
Alem także i niestary.
Co?
DYNDALSKI
niekoniecznie przystając

Tać...
CZEŚNIK
urażony
Możeś młodszy?
DYNDALSKI
Miary
Z mego wieku...
CZEŚNIK
kończąc rozmowę
Mam dowody.
chwila milczenia
DYNDALSKI
skrobiąc się poza uszy
Tylko że to, jaśnie panie...
CZEŚNIK
Hę?
DYNDALSKI
W małżenskim ciężko stanie;
Pan zaś, mówiąc między nami,
Masz pedogrę.
CZEŚNIK
niekontent
Ej, czasami.
DYNDALSKI
Kurcz żołądka.
CZEŚNIK
Po przepiciu.
DYNDALSKI
Rumatyzmy jakieś łupią.
CZEŚNIK
zniecierpliwiony
Ot, co powiesz, wszystko głupio.
Ten mankament nic nie znaczy;
Wszak i u niej, co w ukryciu,
Bóg to tylko wiedzieć raczy;
I nikt pewnie się nie spyta,
Byle tylko w dalszym życiu
Między nami była kwita.

Scena II

Cześnik, Dyndalski, Papkin
Papkin, po francusku ubrany, przy szpadzie; krótkie spodnie, buty okrągłe do pół łydki, tupet i harcopf, kapelusz stosowany — pod pachą para pistoletów, zawsze prędko mówi.

PAPKIN
Bóg z waszmością, mój Cześniku.
Pędząc czwałem na rozkazy,
Zamęczyłem szkap bez liku,
Wywróciłem ze sto razy,
Tak że z nowej mej kolaski
Gdzieś po drodze tylko trzaski.
CZEŚNIK
A ja za to ręczyć mogę,
Że mój Papkin tu piechotą
Przewędrował całą drogę,
A na podróż dane złoto
Gdzieś zostawił przy labecie.
PAPKIN
pokazując pistolet
Patrz, Cześniku — poznasz przecie...
CZEŚNIK
Cóż mam poznać?
PAPKIN
Wystrzelony,
Wypalony.
DYNDALSKI
na stronie, odchodząc
Gdzieś na wrony.
PAPKIN
Gdzie, do kogo — milczeć muszę;
Lecz nie karty są przyczyną,
Żem się w drodze spóźnił nieco.
Ani ziewnął! na mą duszę!
Tak z mej ręki wszyscy giną!
CZEŚNIK
poprawiając w mowie
Wszystkie.
PAPKIN
Wszystkie?

CZEŚNIK
Ćmy, komary.
PAPKIN
Waszmość nigdy nie dasz wiary.
CZEŚNIK
Bom niegłupi, mocium panie.
PAPKIN
Ach, co widzę! — tu śniadanie.
CZEŚNIK
Ha, śniadanie.
PAPKIN
Ach, Cześniku,
Już to sześć dni i sześć nocy
Nic nie miałem na języku.
CZEŚNIK
Jedz i słuchaj.
PAPKIN
Tak się stanie.
siada po drugiej stronie stołu; jak do siebie
Strzelam gracko, rzecz to znana.
CZEŚNIK
Rzecz to znana, iż w mej mocy
Kazać zamknąć waszmość pana
Za wiadome dawne sprawki.
PAPKIN
zastraszony
Zamknąć! Po co?
CZEŚNIK
Dla zabawki.
PAPKIN
Czyż nie znajdziesz lepszej sobie!
CZEŚNIK
Cicho! ciszej! Ja to mówię,
By odświeżyć w twej pamięci,
Nim powierzę moje chęci,
Coś mnie winien, a ja tobie.
PAPKIN
Ach, co każesz, wszystko zrobię.
Byłbym zaraz dopadł konia...
Bom jest jeździec doskonały...
Niechaj będzie wzięty z błonia,

W moim ręku — jak owieczka...
Bom jest jeździec doskonały.
CZEŚNIK
A bodajżeś!...
PAPKIN
Tylko pozwól...
Kładłem nawet w strzemię nogę,
Kiedy nagle wielka sprzeczka
Przedsięwziętą spaźnia drogę,
A ta była w tym sposobie...
CZEŚNIK
Słuchaj...
PAPKIN
Zaraz... Szedłem sobie,
Mina tęga, włos w pierścienie
Głowa w górę, a wejrzenie! —
Niech truchleje płeć zdradziecka!
CZEŚNIK
Słuchaj!...
PAPKIN
Zaraz... Idę sobie,
A wtem jakaś księżna grecka —
Anioł! Bóstwo! — zerk z karety... —
— Giną za mnie te kobiety! —
Zerk więc na mnie, zerk ja na nią...
Koniec końców pokochała,
Zawołała *et caetera*...
Książę, tygrys, ludzi zbiera...
CZEŚNIK
uderzając w stół, aż Papkin podskoczył na krześle
Ależ cicho.
PAPKIN
Nadtoś żywy.
CZEŚNIK
A, bezbożny ty języku!
I tyrkotny, i kłamliwy.
PAPKIN
Nadtoś żywy, mój Cześniku.
Gdybym także, równie tobie,
Namiętności nie brał w ryzy
uderzając w rękojeść szpady

Ostrze mojej Artemizy...
uprzedzając uderzenie w stół Cześnika
Proszę mówić...
CZEŚNIK
po krótkiej chwili
Ojciec Klary
Kupił ze wsią zamek stary...
PAPKIN
Fiu! mój ojciec miał ich dziesięć.
CZEŚNIK
uderza w stół i mówi dalej
Tu mieszkamy jakby sowy;
Lecz co gorsza, że połowy
Drugiej zamku — czart dziedzicem.
przestrach Papkina
Czy inaczej: Rejent Milczek
Słodki, cichy, z kornym licem,
Ale z diabłem, z diabłem w duszy.
PAPKIN
Jednak zgodnie, jak sąsiady...
CZEŚNIK
Jeśli nie ja mymi psoty
Nikt go stąd już nie wyruszy.
Nie ma dnia bez sprzeczki, zwady —
Lecz potrzebne i układy.
Pisać? — nie chcę do niecnoty.
Iść tam? — ślisko, mocium panie:
Mógłby otruć, zabić skrycie,
A mnie jeszcze miłe życie.
Więc dlategom wybrał ciebie —
Będziesz posłem tam w potrzebie.
PAPKIN
Za ten honor ściskam nogi...
Wielki czynisz swemu słudze,
Ale nazbyt jestem srogi —
Zamiast zgody wojnę wzbudzę,
Bo do rycerskiego dzieła
Matka w łonie mnie poczęła;
A z powicia ślub uniosłem:
Nigdy w życiu nie być posłem.

CZEŚNIK
Czym ja zechcę, Papkin będzie,
Bo mnie Papkin słuchać musi.
PAPKIN
Lecz — porywczy w każdym względzie,
Jak sąsiada Papkin zdusi?
Jak mu kulą łeb przewierci,
Jak na bigos go posieka,
Któż natenczas sprawcą śmierci?
Kogóż za to kara czeka?
CZEŚNIK
Biorę wszystko na sumienie.
PAPKIN
Chciej rozważyć...
CZEŚNIK
Już się stało. —
Teraz inne dam zlecenie:
Mości Papkin — ja się żenię.
PAPKIN
Ba!
CZEŚNIK
przedrzeźniając
Cóż to - ba!
PAPKIN
Tak się cieszę
I w tę sprawę chętnie spieszę.
Powiedz, gdzie mam błysnąć chwałą?
Mamże zostać dziewosłębem?
Mamże zmusić zbyt zuchwałą?
Mamże skłonić zbyt nieśmiałą?
Mamże, jeśli cudzą żoną,
Jej tyrana przeszyć łono...
CZEŚNIK
Cóż, u diabła, za szaleństwo!
PAPKIN
Znasz, Cześniku, moje męstwo.
CZEŚNIK
Słuchaj, mówiąc między nami,
Bez mej chluby, twej urazy,
Więcej niż ty, mój Papkinie,
Mam rozumu tysiąc razy.

Papkin chce przerwać, co Cześnik znakiem wstrzymuje.
Lecz rozprawiać z niewiastami...
Owe jakieś bałamutnie,
Afektowe świegotanie —
Niech mi zaraz łeb kto utnie,
Nie potrafię, mocium panie —
Ty więc musisz swą wymową...
PAPKIN
Już jest twoją, daję słowo.
Chcesz? Przysięgnę — masz już żonę.
Bo ja szczęście mam szalone —
Tylko spojrzę, każda moja,
A na każdą spojrzeć umiem.
Idę.
CZEŚNIK
Dokąd?
PAPKIN
Prawda, nie wiem.
CZEŚNIK
Podstolina...
PAPKIN
Już rozumiem.
CZEŚNIK
zatrzymując go
Tu ją czekaj.
PAPKIN
Ani słowa!
Za godzinę jest gotowa.
CZEŚNIK
Ja potrafię ci odwdzięczyć.
PAPKIN
Za Cześnika można ręczyć.

Scena III

PAPKIN
Cześnik — wulkan, aż niemiło.
Żebym krótko go nie trzymał,
Nie wiem, co by z światem było.
po krótkim myśleniu
Lecz nie będę ja tu drzymał
I w podziele tak się zwinę:

Jemu oddam Podstolinę,
Malowidło nieco stare —
Sobie wezmę śliczną Klarę.
Już od dawna mam nadzieję,
Że jej serce mnie się śmieje.
Już by para z nas dobrana
Zaludniała Papkinami,
Gdyby Cześnik, jakby ściana,
Nie stał zawsze między nami.
po chwili
Znak dać muszę, że tu jestem;
Niechaj lubym śpiew szelestem
W lube, drogie uszko wpadnie.
Ach, jak anioł śpiewam ładnie!
śpiewa przy angielskiej gitarze
— Córuś moja, dziecię moje, co u ciebie szepce?
— Pani matko dobrodziejko, kotek mleko chłepce.
Oj, kot, pani matko, kot, kot,
Narobił mi w pokoiku łoskot.
— Córuś moja, dziecię moje, co u ciebie stuka?
— Pani matko dobrodziejko, kotek myszki szuka.
Oj, kot, pani matko, kot, kot,
Narobił mi w pokoiku łoskot.
— Córuś moja, dziecię moje, czy ma ten kot nogi?
— Pani matko dobrodziejko, i srebrne ostrogi.
Oj, kot, pani matko, kot, kot,
Narobił mi w pokoiku łoskot.

Scena IV

Papkin, Podstolina *z drzwi prawych*

PODSTOLINA
Wszak mówiłam — albo koty,
Albo Papkin nam się zjawił.
PAPKIN
Żartobliwej pełna weny
Podstolino! pół anioła!
Kolosalny wzorze cnoty,
Pośród hemisfernej sceny
Strojny w miłość, lubość, wdzięki!
Pozwól ugiąć kornie czoła

I na śniegu twojej ręki
Złożyć ustek wyciśnienie.
całuje w rękę
Sługa, służka uniżony.
PODSTOLINA
Cóż sprowadza w nasze strony?
PAPKIN
Miłe wszystkim nam zdarzenie.
PODSTOLINA
Tym zdarzeniem?
PAPKIN
Twe zamęście.
PODSTOLINA
Moje?
PAPKIN
Właśnie miałem szczęście
Mieć u siebie na wieczerzy
Lorda Pembrok, kilku panów,
Cały tuzin szambelanów.
Dam niewiele, ale jakich!
PODSTOLINA
Któż, z kim swata?...
PAPKIN
Szmer się szerzy:
Za mąż idzie piękna Hanna.
Ten zapewnia, ów nie wierzy,
Ale każdy z ócz mych czyta.
Wtem miledi, bóg—kobiéta,
Lecz w zazdrości diablik mały,
Wciąż mnie szczypiąc pod serwetą,
Na pół z płaczem dwakroć pyta:
"Skąd masz styczność z Hanny losem?"
"Ach, spokojną bądź w tej mierze —
Szepnę w uszko wdzięcznym głosem —
Przyjaciela Hanna bierze."
PODSTOLINA
Ależ kogo? powiedz, kogo?
PAPKIN
Wszyscy wybór chwalą zgodnie...
Bo nie chwalić — jakże mogą?

PODSTOLINA
na stronie
Ha! rozumiem.
PAPKIN
Człowiek grzeczny
I majętny, i stateczny.
PODSTOLINA
na stronie
Od Cześnika ma zlecenie
I zachodzi tak z daleka
Tam, gdzie go się dawno czeka.
Głupi mędrek.
PAPKIN
na stronie
Tam do licha!
Ona zerka, ona wzdycha —
Czy nie myli się w osobie?
Może we mnie?... Dałżem sobie!
A to plaga, boska kara —
Do mnie młoda, do mnie stara.
Jeszcze zerka!... Czy szalona!
Tu żartować nie ma czego —
Zjadłbym śledzia z rąk patrona,
A mnie po co, na co tego!
To już dłużej trwać nie może.
do Podstoliny
Pozwól, pani, Cześnikowi
Gratulacją niechaj złożę...
PODSTOLINA
Więc to jego mam być żoną?
PAPKIN
Jakież czynisz zapytanie?
Bajkęż by to rozgłoszono?
PODSTOLINA
Bajkę — dotąd.
PAPKIN
Lecz się stanie
Wkrótce prawdą... Czy się mylę?
PODSTOLINA
Ciekawości skądże tyle?

PAPKIN
Gdyby Cześnik rozogniony,
Wskroś przejęty twymi wdzięki,
Drgnął miłością i, rzucony
Do nóg twoich, błagał ręki?
PODSTOLINA
Cieszyłby się z odpowiedzi.
odchodzi w drzwi prawe
PAPKIN
sam
A że w każdej diablik siedzi,
Co pustoty rozpoczyna,
Jeno wspomnisz zapowiedzi!
Bo kto mądry, niech mi powié:
Po kaduka Podstolina
Daje rękę Cześnikowi?

Scena V

Papkin, Cześnik
Cześnik wychodzi z drzwi lewych, już ubrany.

CZEŚNIK
Cóż, u czarta! Ty spokojny,
Kiedy Rejent mnie napada
I otwartej żąda wojny!
Lecz godnego ma sąsiada!
Dalej żwawo! Niech, kto żyje,
Biegnie, pędzi, zgania, bije!
PAPKIN
Cóż się stało?
CZEŚNIK
Mur naprawia,
Mur graniczny, trzech mularzy!
On rozkazał! On się waży!...
Mur graniczny!... Trzech na murze!
Trzech wybiję, a mur zburzę,
Zburzę, zniszczę aż do ziemi!
PAPKIN
zmieszany, niechcący powtarza
Zburzę, zniszczę...
CZEŚNIK

Dajesz słowo? —
Zbierz więc ludzi — ruszaj z niemi!
I jeżeli nie namową,
To przemocą spędź z roboty. —
Ty się trzesiesz?
PAPKIN
To z ochoty.
Ale czekaj, słuchaj wprzody
Mojej szczytnej, pięknej ody...
CZEŚNIK
Co!
PAPKIN
Tak — ody do pokoju...
A jeżeli żądza boju
Nie umilknie na głos muzy...
CZEŚNIK
grożąc
Zostań. — Ale!...
odchodzi
PAPKIN
idzie za nim ze spuszczoną głową
Pewne guzy!...

Odmiana sceny
Ogród. Kawał muru całego, od lewej strony ku środkowi prosty, od środka w głąb sceny złamany i w połowie zburzony; Przy tej części mularze pracują. Po lewej stronie, zupełnie w głębi, za częścią całego muru, baszta albo róg mieszkania Rejenta, z oknem. Nieco na przodzie po prawej stronie podobny róg mieszkania Cześnika. Altana po lewej stronie na przodzie. Klara przechodzi scenę. Wacław, wszedłszy wyłomem, skrada się wzdłuż muru i pokazuje się powtórnie w altanie przy Klarze.

Scena VI

Klara, Wacław

WACŁAW
Bliskie nasze pomieszkania,
Bliższe serca — ach, a przecie
Tak daleko na tym świecie.

KLARA
Jakież nowe dziś żądania
Chmurzą jasność twego czoła?
Nigdyż granic, nigdyż miary —
Nicże wstrzymać się nie zdoła,
Nawet miłość twojej Klary?
WACŁAW
Widzieć ciebie jedną chwilę,
Potem spędzić godzin tyle
Bez twych oczu, twego głosu —
I mam chwalić hojność losu!
KLARA
Wspomnij, wspomnij, mój kochanku,
Jakie były twe wyrazy,
Gdy zaledwie parę razy
Zeszliśmy się na krużganku
"Pozwól, droga, kochać siebie,
O nic więcej łzy nie proszą;
Z mą miłością stanę w niebie —
Bogiem, będę żył rozkoszą!"
WACŁAW
Co mówiłem, nie wiedziałem.
KLARA
"Kochaj — rzekłam — ja nie bronię."
Ale wkrótce, gdyś z zapałem
Cisnął w swoich moje dłonie:
"Kochasz ty mnie, droga Klaro?"
Zawsześ mi się, zawsze pytał,
Choć-eś w oczach dobrze czytał.
WACŁAW
Któż by nie chciał dać pół życia,
By mógł wyssać, do upicie,
Wyssać duszą z ust twych słowa,
Które jeszcze uśmiech chowa.
KLARA
Niech tak będzie — rzekłam w końcu:
"Kocham", bom też i kochała.
udając jego zapał
"Co za szczęście, rozkosz, radość!
Dzięki niebu, ziemi, słońcu!..."
Tym życzeniom czyniąc zadość,

Już natura zubożała
Więcej dla cię nic nie miała.
WACŁAW
Prawda, wyznać się nie boję,
Dopełniła wtenczas miary;
Lecz gdy zwiększa miłość moję,
Czyż nie winna zwiększać dary?
KLARA
Za dni parę rzekłeś, luby:
"Ach, to okno, ach, ta krata —
Będą źródłem mojej zguby.
Patrz, jak różdżka różdżkę splata,
Jak ku sobie kwiat się skłania,
Któż nam, Klaro, tego zbrania?"
WACŁAW
Miałżem w myśli mych zamęcie
Zimną kratę brać w objęcie?
KLARA
Usłuchałam cię, Wacławie:
Dzień w dzień schodzim się w altanie,
Lecz i razem, co dzień prawie,
Nowe od cię mam żądanie.
Tobiem szczęście życia winna,
Ty nawzajem — chętnie wierzę;
Czemuż twoja miłość inna,
Coraz nową postać bierze? —
Kiedy rozkosz być przy tobie
Aż przepełnia serce moje,
Ty, niewdzięczny, w tejże dobie
Tłumisz tylko niepokoje.
WACŁAW
Ach, obecność mnie zastrasza,
Bo tak dotąd czynim mało,
By zapewnić przyszłość całą —
A przyszłością miłość nasza.
Z twoim stryjem ojca mego
Ciągłe sprawy, sprzeczki, kłótnie
Nic nie wróżą nam dobrego;
Raczej mówią, iż okrutnie
Będziem kiedyś rozdzieleni,
Jeśli...

KLARA
Dokończ, pokaż drogę!
Ty, czy ja tu pomóc mogę?
WACŁAW
Tylko twoja wola zmieni,
Co się zdaje nie do zmiany.
KLARA
Mówże, słucham.
WACŁAW
Żem kochany,
Że cię kocham nad te nieba,
Że przy sobie żyć pragniemy,
To oboje dobrze wiemy;
Nie oboje — czego trzeba,
Aby zniszczyć to ukrycie,
W którym pełza nasze życie,
I nie truchleć, czy dzień szczęścia
Nie poprzedza dnia żałoby.
KLARA
Czegóż trzeba? Mów.
WACŁAW
Zamęścia.
KLARA
O szalony! gdzież sposoby?
WACŁAW
W twojej woli.
KLARA
W woli stryja,
W woli ojca, powiedz raczej.
WACŁAW
Co zawadza, to się mija,
Gdy nie może być inaczej.
KLARA
A, rozumiem. — Nie, Wacławie,
Gdzie mnie zechcesz, znajdziesz wszędzie
Zawsze twoją — prócz w niesławie.
WACŁAW
Ależ, Klaro, moją żoną...
KLARA
Któż to, powiedz, wiedzieć będzie,
Czyś zaślubił wykradzioną?...

Co za hałas!... Słyszę kroki!...
Coraz bliżej!... Idź bez zwłoki!
WACŁAW
Jedno słowo...
KLARA
Już ci dane.
WACŁAW
Jak nie zmienisz, żyć przestanę.
KLARA
z czułością, jakby poprawiając
Przestaniemy, jeśli zechcesz.
WACŁAW
Pomyśl tylko, Klaro droga...
KLARA
wytrącając go prawie
Ale idźże, idź, dlaboga!
przechodzi scenę.

Scena VII

Papkin, Śmigalski, *kilku służących z kijami,
później* **Rejent** *i* **Cześnik** *w oknach*

PAPKIN
Panie majster, proszę waści
Przyzwoicie, grzecznie, ładnie,
Nie murować tu z napaści,
Bo mu na grzbiet co upadnie.
po prótkim milczeniu
Wy zaś drudzy, dobrzy ludzie,
Którzy młotki, piony, kielnie
W niepotrzebnym dzisiaj trudzie
Używacie arcydzielnie,
Idźcie wszyscy precz do czarta!
po krótkim milczeniu
Będzie, widzę, rzecz uparta!
Ta hołota, jakby głucha,
Mego słowa ani słucha. —
No, Śmigalski! nie trać czasu —
Ściągnij za kark! weź narzędzie!
Grzecznie, ładnie, bez hałasu,
Niech wszystkiemu koniec będzie.

Nic się nie bój — ja za tobą.
Śmigalski posuwa się z służącymi ku Mularzom. — Papkin cofa się za róg domu.
ŚMIGALSKI
Precz! precz!
REJENT
w oknie
Stójcie! co to znaczy?
ŚMIGALSKI
Cześnik, pan mój, kazać raczy,
Aby muru nie kończono.
CZEŚNIK
w oknie
Tak jest, każę, bo mam prawo.
Dalej naprzód! dalej żwawo!
Śmigalski posuwa się naprzód. — Papkin, który był wyszedł, znowu się cofa za róg domu.
REJENT
Jakie prawo?
CZEŚNIK
Jak kupiono
Mur graniczny, tak zostanie.
REJENT
Ależ, luby, miły panie,
To szaleństwo z waszej strony —
I mur będzie naprawiony.
CZEŚNIK
Wprzódy trupem go zaścielę.
REJENT
do Mularzy
kończcie śmiało, przyjaciele,
Gardźcie ze mną próżnym krzykiem.
CZEŚNIK
Chcesz więc bójki?
REJENT
Mój Cześniku,
Mój sąsiedzie, luby, miły,
Przestań też być rozbójnikiem.
CZEŚNIK
Co! jak! — Żwawo! bij, co siły!

Śmigalski z swoimi ludźmi wstępuje na mur. — Mularze cofają się tak, że bójka zostaje zakryta częścią muru całego.
REJENT
Panie majster, ja w obronie —
Nic się nie bój! — Niechaj bije,
Kiedy go tam świędzą dłonie.
Dobrze! dobrze! — po czuprynie.
Ot, tak — lepiej! — co się wlezie!
Nic się nie bój! — z tego trzeba. —
Niechaj bije! Świat nie zginie!
Ja Cześnika za to skryję,
Gdzie nie widać ziemi, nieba.
CZEŚNIK
wołając za siebie
Hej! Gerwazy! daj gwintówkę!
Niechaj strącę tę makówkę!
Prędko!
Rejent zamyka okno
Ha, ha! fugas chrustas!
No, Śmigalski, dosyć będzie!
Daj półzłotka albo złoty
Baserunku dla hołoty,
Ale zabierz im narzędzie.
Dosyć, dosyć na dziś będzie.
zamyka okno
Po odejściu wszystkich Papkin, obejrzawszy się, że już nie ma nikogo, mówi ku murowi.
PAPKIN
sam
Ha! hultaje, precz mi z drogi,
Bo na miazgę was rozgniotę —
Nie zostanie jednej nogi.
A mam diablą dziś ochotę!
Wielu was tam?
Chodź tu który!
Nie wylezie żaden z dziury?
O wy łotry! O wy tchórze!
Jutro cały zamek zburzę.

Scena VIII

Papkin, Wacław

WACŁAW
stanąwszy tuż za nim
Jutro?
Papkin zdejmuje kapelusz.
Mamże wracać w progi,
Które pewnie z przyszłą dobą
Zrówna z ziemią wyrok srogi? —
Wolę jeńcem iść za tobą.
PAPKIN
wkładając kapelusz na bakier
Pardon mówisz?
WACŁAW
Pardon, panie.
PAPKIN
Znasz me męstwo?
WACŁAW
Jak zły szeląg
PAPKIN
Boisz mi się?
WACŁAW
Niesłychanie!
PAPKIN
Pójdziesz za mną?
WACŁAW
Pójdę, panie.
PAPKIN
Któż ty jesteś?
WACŁAW
Jestem, panie.
PAPKIN
Lecz czym jesteś?
WACŁAW
Czym ja jestem?
Jestem... jestem...
PAPKIN
chwytając za broń
Cóż to znaczy!...
WACŁAW

Komisarzem mego pana.
PAPKIN
Co? — Rejenta?
WACŁAW
Nie inaczéj.
PAPKIN
Czy to, proszę, rzecz słychana!
Ledwie szlachcic na wioszczynę
Z pękiem długów się wydrapie,
Już mieć musi komisarza!
Dziw się potem, gdy się zdarza,
Że wołają: "Sto tysięcy! —
Kto da więcéj?"
A jak krzykną po raz trzeci,
Jakby z procy szlachcic leci
I do swego komisarza
Idzie w służbę za szafarza
Ale chodźmy
na stronie
Cześnikowi
Wielką radość jeńcem sprawię,
I zapewne do mnie powie,
Gdy mu zdobysz mą przedstawię:
"Niechaj Klara twą zostanie."
Chodź, mój jeńcze.
WACŁAW
Idę, panie.

Akt II
Pokój jak na początku aktu pierwszego. – Cześnik siedzi przy stoliku.

Scena I
Cześnik, Papkin, *wchodzi za nim* **Wacław**, *który zostaje przy drzwiach.*

PAPKIN
rzucając się w krzesło
A bierz licho takie znoje!
Ledwie idę, ledwie stoję —
Ależ bo to było żwawo!
Diablem gromił w lewo, w prawo —
Ledwie żyję. — Każ dać wina!
A starego. Wyschła ślina,
Pot strugami ciecze z czoła —
Któż me dzieła pojąć zdoła!
CZEŚNIK
Ja, bom widział.
PAPKIN
Ha! Widziałeś? —
Gracko?...
CZEŚNIK
Gracko z tyłu stałeś.
PAPKIN
Z tyłu, z przodu, nic nie znaczy,
Dobry rycerz wszędzie straszny.
CZEŚNIK
Ta bezczelność...
PAPKIN
Nie inaczéj,
Bezczelności trzeba było,
Aby walczyć z taką siłą.
CZEŚNIK
Waszeć kłamiesz, mocium panie...
PAPKIN
Tylko słuchaj, słuchać warto:
Chciałem zdobyć rusztowanie,
Lecz skończyłem tak zażarto,
Żem się znalazł z drugiej strony;

29

Przyciśnięty, otoczony
Mularzami, pachołkami,
Hajdukami, pajukami,
A, kroć kroci! jak się zwinę!
Jak dwóch chwycę za czuprynę! —
Dalej żwawo młynka z niemi!
Jak cepami wkoło młócę,
Ile razy się obrócę,
Po dziesięciu ich na ziemi.
Tak mi rosła wciąż mogiła,
A gdy z murem równa była,
Otworzyłem obie dłonie
I stanąłem na tej stronie.
Lecz co jeszcze...
CZEŚNIK
Tfy! do czarta!...
PAPKIN
Podziwienia rzecz jest warta,
Że uniosłem z sobą jeńca —
Teraz, panie, czekam wieńca.
CZEŚNIK
spostrzegłszy Wacława
Cóż to znaczy?
PAPKIN
ocierając czoło
Komisarza
Pana Milczka w jasyr wziąłem.
CZEŚNIK
A to po co? jakim czołem?
PAPKIN
Ja zabieram, co się zdarza.
CZEŚNIK
do Wacława
Waszeć z Bogiem ruszaj sobie
I uwiadom swego pana,
Że jak w jakim bądź sposobie
Mnie zaczepka będzie dana,
To mu taką fimfę zrobię,
Iż nim rzuci wkoło okiem,
Wytnie kozła pod obłokiem.
Waść się wynoś szybkim krokiem.

PAPKIN
Poświęć się tu czyjej sprawie,
Walcz jak Achil, radź jak Kato,
Pozazdroszczą twojej sławie
I sto czartów dadzą za to.
WACŁAW
do Cześnika
Przebacz, panie, słów niewiele,
Które wyrzec się ośmielę:
Jesteś gniewny na sąsiada,
Że ci czasem na zawadzie...
CZEŚNIK
Czasem? — zawsze.
WACŁAW
On powiada...
CZEŚNIK
Niech nie słyszę o tym gadzie.
WACŁAW
Czy nie byłoby sposobu,
Ustąpiwszy ze stron obu,
Zapomniawszy przeszłe szkody,
Do sąsiedzkiej wrócić zgody?
CZEŚNIK
Ja — z nim w zgodzie? — Mocium panie,
Wprzódy słońce w miejscu stanie,
Wprzódy w morzu wyschnie woda,
Nim tu u nas będzie zgoda.
WACŁAW
Dzisiaj umysł niespokojny
Za porywczo sąd wyrzeka...
CZEŚNIK
Od powietrza, ognia, wojny,
I do tego od człowieka,
Co się wszystkim nisko kłania —
Niech nas zawsze Bóg obrania.
WACŁAW
Lepiej nisko niż nic wcale.
CZEŚNIK
Brednia!
WACŁAW
Ale...

CZEŚNIK
Nie ma ale!
WACŁAW
Nie broń, panie, mieć nadziei...
CZEŚNIK
Bronię, do kroć sto tysięcy!
I niech o nim nie wiem więcéj
Ni o jego
ironicznie zmierzając do Wacława
kaznodziei,
Bo się obom, mocium panie,
Jakem szlachcic, co dostanie!
odchodzi w drzwi środkowe.

Scena II

Papkin, Wacław.

PAPKIN
Diabeł pali w tym Cześniku.
WACŁAW
Chcieć ich zbliżyć — czasu szkoda.
PAPKIN
Mało zysku, dużo krzyku.
WACŁAW
Tych dwóch ludzi — ogień, woda.
PAPKIN
Cóż, paniczu, będzie z nami?
WACŁAW
Ha! zostanę tu w niewoli.
PAPKIN
Brałem jeńców tysiącami,
Co zawiśli od mej woli;
Bom lat dziesięć toczył boje,
Gdzie się lały krwawe zdroje,
Tak że wkoło na mil cztery
Jak czerwone było morze.
Tam zyskałem i ordery,
I tytuły, i honory;
Ale tego być nie może,
Zbyt to szczytne dla nas wzory;
Dziś utarczka jest igraszką,

A twa wolność będzie fraszką.
WACŁAW
Ja w niewoli tu zostanę.
PAPKIN
Prawo wstrzymać jest mi dane,
Ale zawsze był wspaniały,
Przyjmę zatem okup mały.
WACŁAW
Ja w niewoli zostać muszę.
PAPKIN
Znaj więc wielką moję duszę:
Jesteś wolny — idź do diaska —
A za wolność dasz co łaska.
WACŁAW
Ja zostanę tu w niewoli.
PAPKIN
Ale Cześnik nie pozwoli.
WACŁAW
Kto mnie ujął, niech mnie trzyma.
PAPKIN
Ale, bratku, sensu nié ma;
Nie daj grosza, a idź sobie.
WACŁAW
I pół kroku stąd nie zrobię.
PAPKIN
Idź, bom gotów użyć broni.
WACŁAW
zawsze z flegmą
A ja tylko własnej dłoni.
PAPKIN
na stronie
Cóż za człowiek, u kaduka!
Samochcący guza szuka
I mnie jeszcze go nagoni.
do Wacława
Bój się Boga — idź do czarta.
WACŁAW
Nie, nie pójdę — tu zostanę.
PAPKIN
A to jakaś ćma uparta!

WACŁAW
pokazując sakiewkę
Ale popatrz no, bratku — co to?
PAPKIN
Brzękniej tylko...
WACŁAW
Złoto?
PAPKIN
Złoto.
WACŁAW
Będzie twoim...
PAPKIN
Niech pan siada.
WACŁAW
Ale darmo nikt nie daje...
PAPKIN
Wielka prawda. — Cóż wypada,
Abym zrobił? Gdyż zostaję
W położeniu arcyciasnym:
Za procentem moim własnym
Trzeba jeździć jak w konkury,
A w kieszeni, panie bracie,
Albo pustki, albo dziury.
WACŁAW
Kocham Klarę.
PAPKIN
na stronie
Otóż macie!
WACŁAW
I chcę zostać tu przy Klarze.
PAPKIN
To źle.
WACŁAW
chowając sakiewkę
Czy źle?
PAPKIN
zatrzymując mu rękę
Niekoniecznie;
Ale Cześnik w tym zamiarze
Będzie pewnie działać sprzecznie.

WACŁAW
Niechaj nie wie.
PAPKIN
Jak się dowie?
WACŁAW
Niech mnie przyjmie.
PAPKIN
Trudno będzie.
WACŁAW
brzęcząc złotem
Tu początek — koniec w głowie.
PAPKIN
A jak Cześnik na mnie wsiędzie?
WACŁAW
Nic nie znaczy.
PAPKIN
Ba! jak komu.
wzruszając głową
I dla Klary — komisarza...
WACŁAW
Jestem Wacław.
PAPKIN
Syn Rejenta!...
O dlaboga!... I w tym domu!
Waszmość obu nas naraża,
Oba będziem na praszczęta
Wacław brzęknął sakiewką
Brzęczy pięknie...
WACŁAW
Miej za dane,
Jeśli w służbie tu zostanę.
PAPKIN
Ha! sprobuję...
chce wziąć sakiewkę
WACŁAW
odsuwając
Później nieco.
Lecz pamiętaj, że z mej wieży
Szybo kulki na dół lecą;
Fiut z wiatrówki — Papkin leży...
Gdyby zdradzić chęć go jęła.

PAPKIN
W skrytym toku tego dzieła
Tak postąpię, jak należy,
Nie zważając na przymówkę —
Ale, Waciu, jak mnie kochasz,
Dzisiaj jeszcze spal wiatrówkę.
WACŁAW
Nie trać czasu.
PAPKIN
Idę, idę.
na stronie
Diabeł nadał tryumf taki!
Coraz głębiej lezę w biédę;
W moim jeńcu mam rywala —
Przykro z bliska, gorzej z dala;
Tamten zamknie, ten zastrzeli —
A bodaj cię diabli wzięli!
wracając od drzwi
A sakiewka?...
WACŁAW
Zostać może.
PAPKIN
W samej rzeczy?
WACŁAW
Nie inaczéj.
Papkin wychodzi środkowymi drzwiami

Scena III

Wacław, Klara

KLARA
Co wyrabiasz, o mój Boże!
Trzeba by mi być w rozpaczy,
Żebym tylko czasu miała.
WACŁAW
Cóż się stało? co się dzieje?
KLARA
Jeszcze mi się w oczy śmieje!
Ja wiem wszystko, bom słuchała –
Chcesz tu zostać.
WACŁAW

Cóż w tym złego?
KLARA
Miej rozsądek.
WACŁAW
Cóż mi z niego?
Kiedy już jest dowiedzione,
Że rozsądku zwykłą drogą
Niezawodnie połączone
Losy nasze być nie mogą,
Po cóż w dawnej trwać kolei?
Dalej żwawo manowcami,
Gdzie zadnieje blask nadziei,
Gdzie mniej ciemno jest przed nami!
Nie rzucajmy na bok okiem,
Bo przepaści pewnie w koło,
Ale w niebo wzniósłszy czoło,
Śmiałym naprzód idźmy krokiem!
A jeżeli stałość będzie
Towarzyszyć w naszym pędzie,
Mimo sporu, przeszkód wielu,
Dojdziem przecie kiedyś celu.
KLARA
Dobrze mówisz, idźmy śmiało!
Prostą drogą zyszczem mało,
Przekonałeś przyjacielu;
Lepiej mówisz niż dziś rano,
Gdyś ucieczkę z sobą radził.
Ale nużby cię poznano?
WACŁAW
Nie patrz w przepaść, moja droga,
Tu, do serca, nachyl skronie:
Prędko zniknie każda trwoga,
Gdy w miłości wzrok utonie.
KLARA
Zostań zatem w imię Boże,
Masz ode mnie pozwolenie.
WACŁAW
Twoje, Klaro, nie pomoże,
Lubo – z życiem równie cenię.
KLARA
I do stryja trafim może,

A to – wolą Podstoliny.
Bo wiedz, iż w tej właśnie chwili
Miłość sobie oświadczyli.
Ona skromna, rączka spiekła,
Ale rączkę mu przyrzekła.
Ująć ci ją łatwo będzie,
Pochlebiając w każdym względzie.
Chwal bez miary rozum, cnoty,
Piękność, kształtność jej osoby,
A czym zechcesz – w naszym domu
Tej zostaniesz jeszcze doby.
WACŁAW
Z komisarza na pisarza!
Zły coś pozór stąd wynika;
Ależ znowu, wszak się zważa
Honor służby u Cześnika.
KLARA
Biegnę, powiem Podstolinie,
Że ktoś z prośbą tu ją czeka.
podając mu rękę
Miej nadzieję – złe przeminie –
Chwila szczęścia niedaleka.
odchodzi w drzwi prawe.

Scena IV

WACŁAW
Przed godziną z trwogi mdleje,
Za godzinę – wzorem męstwa;
To nie widzi podobieństwa,
To ma więcej niż nadzieję. –
O płci piękna, luba, droga!
Twoja radość, twoje żale –
To jeziora lekkie fale:
Jedna drugą ciągle ściga –
Ta się schyla, ta się dźwiga,
Ale zawsze w blasku słońca,
Zawsze czysta i bez końca! –
A my, dumni władcy świata,
Mimo siebie pochwyceni,
Za tym ceniem, co ulata,
Całe życie, z chwili w chwilę,

Przepędzamy jak motyle.

Scena V

Wacław, **Podstolina** z drzwi prawych

PODSTOLINA
Gdzież suplikant? – O cóż prosi?
WACŁAW
z niskim ukłonem
Tu jest natręt.
PODSTOLINA
Ty, młodzianie?
WACŁAW
jeszcze nachylony
Zbyt się winnym może stanie,
Iż tak śmiało wzrok podnosi...
Ha!...
PODSTOLINA
Co widzę!
WACŁAW
po krótkim milczeniu
Anna!
PODSTOLINA
Wacław!
WACŁAW
z pomieszaniem
Nie wiem w prawdzie...
PODSTOLINA
To spotkanie!...
WACŁAW
Ty więc jesteś Podstoliną?
PODSTOLINA
Nie wiedziałżeś?...
WACŁAW
jak wprzódy
Przed godziną...
na stronie
Co tu mówić?... z jakiej roli...
PODSTOLINA
Nie wiedziałżeś, że Podstoli
Czepiersiński, mój mąż trzeci,

Niech nad duszą Bóg mu świeci,
Zaślubiwszy mnie na wiosnę,
Już w jesieni leżał w grobie?
WACŁAW
Tak, tak, przypominam sobie...
PODSTOLINA
Oddał ducha na mym łonie.
WACŁAW
roztargniony
Oddał?... Tak, tak – oddał pewnie.
PODSTOLINA
Zapłakałam zrazu rzewnie;
Nie mieć męża mocno boli,
Lecz i smutek w czasie tonie.
WACŁAW
roztargniony
Więc utonął pan Podstoli.
PODSTOLINA
Któż powiada?
WACŁAW
Nie powiada?
Dobrze. – Zatem... odejść muszę.
PODSTOLINA
zatrzymując go
Co on myśli, co on gada!
Ty szalejesz, na mą duszę!
WACŁAW
To być może.
PODSTOLINA
czule
Ja cię zwiążę,
Ja cię zamknę, drogi książę,
WACŁAW
Ach, nie powtórz tego słowa!
Patrz, jak wstydem cały płonę
Za studenckie przewinienia.
Ni tytułu, ni imienia
Wacław dalej nie zachowa,
Bo te były...
PODSTOLINA
Cóż?

WACŁAW
Zmyślone.
PODSTOLINA
Wszystko?
WACŁAW
Wszystko, co do joty.
PODSTOLINA
I nie – księciem?...
WACŁAW
Ani trochę.
PODSTOLINA
Cóż za powód?
WACŁAW
Myśli płoche,
Szał młodości... chęć pustoty...
Jednym słowem, coś bez celu,
Jak to każde głupstwo prawie.
PODSTOLINA
Ależ miłość twa, Wacławie?...
WACŁAW
na stronie
Siedźże teraz w wilczym dole!
PODSTOLINA
Ten rumieniec na twym czole
Jak tłumaczyć? – Ja czekałam,
W całej Litwie cię szukałam,
Lecz o księciu Rodosławie
Nikt nie wiedział, nie mógł wiedzieć.
WACŁAW
Byłem... młody...
PODSTOLINA
powtarzając ironicznie
"Byłem młody"?
Ale biegły w swojej sztuce.
WACŁAW
Tego nie wiem.
PODSTOLINA
Są dowody.
WACŁAW
A to jakie?

PODSTOLINA
Twoja zdrada.
WACŁAW
Żem się zmienił, być to może;
Trudnoż kochać nieustannie!
Lecz gdy karcić mnie wypada,
Czyż przystoi – zmiennej Annie?
Nie szukałaś zbyt daleko,
Nie czekałaś czas zbyt długi –
Podstolemu spadło wieko,
Już ci Cześnik na usługi,
I niech dzisiaj Cześnik ziewnie,
Jutro krajczy będzie pewnie.
Ja wyrzutów ci nie robię,
Owszem, owszem, szczęść ci Boże;
Lecz co czynić wolno tobie,
Niechże każdy czynić może.
Gdym więc zmieniał czucia moje,
Szedłem tylko w twoje ślady –
I zdradzaliśmy oboje
Lub też wcale nie ma zdrady.
PODSTOLINA
Jestem wdową, mój Wacławie.
WACŁAW
Ja żonaty jestem prawie.
PODSTOLINA
Któż ty jesteś, ty, zbyt znany?
WACŁAW
Wacław Milczek.
PODSTOLINA
Syn Rejenta!
Tu, w tym domu...
WACŁAW
kończąc
Zabłąkany.
PODSTOLINA
Jestem trwogą wskroś przejęta...
W oczach ciemno... serce bije...
Jak rywala pozna w tobie!...
WACŁAW
Ach, nie znajdzie już go we mnie.

PODSTOLINA
Nie zapieraj się daremnie;
Wszak błagałeś Podstolinę,
By do ciebie wyjść raczyła...
Czegóż żądasz?
WACŁAW
Niechaj zginę,
Jeśli sam wiem. – Bywaj zdrowa!
PODSTOLINA
zatrzymując go
Zawsze jeszcze dawna głowa;
Stój, nie odchodź.
WACŁAW
na stronie
Ach, Papkinie,
Wziąłeś, wziąłeś mnie w niewolę.
PODSTOLINA
Ty kochanyś był jedynie;
Nad sto książąt ciebie wolę.
Do mych komnat chodź w ukrycie,
Bo cię broni moje życie,
Bo z obrony szuka chluby.

Scena VI

Podstolina, Wacław; Klara z drzwi prawych

WACŁAW
zoczywszy Klarę, boleśnie
Ach!
KLARA
wesoło
I cóż?
PODSTOLINA
To jest...
WACŁAW
Nic nié ma...
KLARA
do Podstoliny
Czegóż żąda?
PODSTOLINA
na stronie

Co powiedzieć?...
KLARA
na stronie
Dobrze idzie – już z nim trzyma
głośno
Nie powinnam może wiedzieć?
WACŁAW
O, dlaczego!...
PODSTOLINA
Wielkiej wagi
Jest interes jegomości,
Działać trudno bez rozwagi;
Zatem, proszę, nie mów słowa,
Że o jego wiesz bytności –
Później całą rzecz wyłuszczę.
WACŁAW
cicho do Podstoliny
Ja odejdę
PODSTOLINA
podobnież
Ja nie puszczę.
głośno
Proszę z sobą waszmość pana!
Jego sprawa zawikłana,
Musze przejrzeć dokumenta.
do Klary, całując ją w czoło
A Klarunia niech pamięta
Nie powiadać nic nikomu...
KLARA
Nikt się w tym nie dowie domu...
PODSTOLINA
Bo nad miarę nam zaszkodzi;
Później powiem, o co chodzi.
Odchodzi, kiwnąwszy na Wacława, który ze spuszczoną głową odchodzi za nią w drzwi prawe.
KLARA
sama
Śmieszniejszego cóż być może,
Jak – gdy zwodzić chce zwiedziony!
Ach, jak Wacław w swej pokorze
Zdał się wzywać jej obrony!

Ledwiem, ledwie śmiech wstrzymała.
Ale hola? hola, panno!
Do tryumfu nie masz prawa;
Choć początek dobry miała –
Nie wygrana przez to sprawa.

Scena VII
Klara, Papkin

PAPKIN
Jak w dezertej Arabiji
Złotosiejny wzrok Febowy
Niesie skwarem śmierć liliji,
Aż nakłoni białej głowy,
A zebrana na błękicie
Płodorodna kropla rosy
Wraca zwiędłej nowe życie
I unosi pod niebiosy –
Równowładna, równoczynna
Prezencyja twoja miła,
Starościanko miodopłynna,
z ukłonem
Dla twojego sługi była.
Jużem bliski był zwiędnienia,
Gdy twe oko wszystko zmienia.
Oby kiedyś dały bogi,
Abym niosąc odwet drogi,
Nim czas raźniej machnie kosą,
Był twym żarem, był twą rosą.
ukłon głęboki
KLARA
ironicznie całą tę scenę, oddając niski ukłon
Równie z rytmu, jak z oręża,
Tak sławnego dostać męża
Jest zaszczytem białogłowy;
Ale każdy dziś młodzieniec
Miłosnymi czczymi słowy
Zwykł przeplatać ślubny wieniec,
Trudnoż zawsze dawać wiarę.
PAPKIN
Cóż, nie wierzyć, wielkie Nieba!

Że się kocha piękną Klarę,
Czyliż na to przysiąg trzeba?
KLARA
Że się kocha – nie potrzeba,
A że zawsze równie będzie –
I przysięga nic nie znaczy.
PAPKIN
Ach, na serca mego grzędzie
Niech twe ziarnko bujać raczy,
A zadatek ten twój mały
Puści korzeń wiecznotrwały.
KLARA
W dawnych czasach rycerz prawy,
Lubo zdobion wieńcem sławy,
Lubo staczał krwawe boje,
Nim oświadczył miłość swoję –
Ku czci drogiej swej kochanki
W turniejowe wjeżdżał szranki.
Tam na kopią dzielnie gonił,
Po dziesięciu zsadzał z koni,
I dopiero gdy się skłonił
Wziąć nagrodę z lubej dłoni,
Błagał, aby sercu miła
Kochać mu się pozwoliła,
By mu wolno pod jej barwą
Kruszyć kopie, miecze ścierać,
Dla niej tylko żyć, umierać.
PAPKIN
Z tego stroju i z tej broni
Marsowego znać piastuna,
Co w rycerskiej zbiegł pogoni
Od bieguna, do bieguna.
Oby moja Artemiza,
Światu groźne to żelazo,
Krwią jak gąbka napęczniałe,
Przemówiło choć tą razą
Wam na wiarę – mnie na chwałę.
z coraz większym zapałem
Gdzie na skale gród kamienny,
Gdzie działami mur brzemienny,
Gdzie bagnetów ostre wały,

Gdzie sklepienie z dzid i szabli,
Tam był Papkin – lew zuchwały!
Strzelec boski! – rębacz diabli!
Jęk, szczęk, krzyk, ryk, śmierć dookoła;
Tu bezbronny *pardon* woła,
Tu dziewica ręce łamie,
Matka płacze, dziecię kwili,
Ale spada moje ramię –
Ci, co żywi, już nie żyli.
Klara parszcha śmiechem
Przebacz zapał zgrozokrwawy
Rycerskiego uniesienia!
Ale, widzisz – dość mam sławy
Brak mi tylko pozwolenia,
Bym w fortunnych stanął rzędzie,
Których celem Klara będzie.
KLARA
Więc zezwalam.
PAPKIN
klękając
Przyjmij śluby...
KLARA
Hola! teraz lata próby,
W nich dowody posłuszeństwa,
Wytrwałości i śmiałości.
PAPKIN
O królowo wszechpiękności!
Ornamencie człowieczeństwa!
Powiedz: "W ogień skocz, Papkinie" –
A twój Papkin w ogniu zginie.
wstaje
KLARA
Nie tak srogie me żądanie;
Klejnot rycerskiego stanu
Pastwą ognia nie zostanie.
Lecz powtarzam waszmość panu:
Posłuszeństwa, wytrwałości
I śmiałości żądam próby.
PAPKIN
W każdej znajdę powód chluby.

KLARA
Posłuszeństwa chcąc dać miarę,
Milczeć trzeba sześć miesięcy.
PAPKIN
Nic nie gadać!
KLARA
Tak – nic więcéj.
Wytrwałości zaś dam wiarę,
Gdy o chlebie i o wodzie...
PAPKIN
Tylko, przebóg niezbyt długo.
KLARA
Rok i dni sześć...
PAPKIN
boleśnie
Jestem w grobie...
z ukłonem
Ale zawsze – twoim sługą.
KLARA
Zaś śmiałości – w tym sposobie
Da mi dowód, kto dać zechce:
W oddalonej stąd krainie
Jadowity potwór słynie,
Najmężniejszym trwogą bywa –
Krokodylem się nazywa.
Niech go schwyci i przystawi,
Moje oko nim zabawi;
Bom ciekawa jest nad miarę
Widzieć żywą tę poczwarę.
To jest wolą niewzruszoną.
A kto spełni, co ja każę,
Ten powiedzie przed ołtarze,
Tego tylko będę żoną.
ukłoniwszy się, odchodzi w drzwi prawe

Scena VIII

PAPKIN
po długim milczeniu
Krrrokodyla!
ironicznie
Tylko tyle!

Co za koncept, u kaduka!
Pannom w głowie krokodyle,
Bo dziś każda zgrozy szuka:
To dziś modne, wdzięczne, ładne,
Co zabójcze, co szkaradne.
Dawniej młoda panieneczka
Mile rzekła kochankowi:
"Daj mi, luby, kanareczka",
A dziś każda swemu powie:
"Jeśli nie chcesz mojej zguby,
Krrrokodyla daj mi, luby".
po krótkim milczeniu
Post, milczenie – wszystko fraszka,
Straży przy mnie nie postawi.
Ale potwór nie igraszka.
Czart – nie Papkin go przystawi.
idzie ku drzwiom prawym i spotyka się z wybiegającym Wacławem
Ha!
WACŁAW
Co?
PAPKIN
Nic.
WACŁAW
rzucając mu sakiewkę
Masz – milcz, bo wiesz!...
PAPKIN
chwytając sakiewkę
Wiem.
Wacław odchodzi. Po krótkim milczeniu
Wiem? – Nic nie wiem. Czy zostaje,
Czy odchodzi, za co daje –
Nie wiem wcale. Wiem, że złoto;
Wiem, że dając, zrobił ładnie,
Ale nie wiem, od Cześnika
Czy mi na kark co nie spadnie.
Wiem, jak zdradzę zalotnika,
Że z wiatrówki dmuchać gotów;
Ale nie wiem, nie wiem wcale,
Czy na końcu z tych obrotów
Od Cześnika łeb ocalę.
Wiem i nie wiem. – Sprawa diabla:

Tutaj kulka – a tu szabla.
Jednak dobrze rzekł pan Benet:
podrzucając sakiewkę
Beatus qui tenet.

Scena IX
Papkin, Cześnik *z drzwi środkowych*

CZEŚNIK
Winszuj, waszmość, mi sukcesu!
Dzisiaj moje zrękowiny,
Już finalnie, bez regresu
Słowom dostał Podstoliny.
PAPKIN
Ja wiem, jak to przyszło drogo,
Wszak ci moją to robotą.
CZEŚNIK
O! waściną! – Patrzcie no go!
Mnie się, waszeć, pytaj o to.
oglądnąwszy się
Tak mi się tam w dobrą chwilę
Nawięła snadnie, mile,
Żem posunął w koperczaki.
Ona dalej w ceregiele –
Ni siak, ni tak, tędy, siędy,
A ja sobie coraz bliżej,
Śród chychotek, śród gawędy,
Bliżej... bliżej... Cmok! – nareszcie...
dobrodusznie
A! zrobiłem wstyd niewieście.
Jak alkiermes wskroś spłonęła –
Mnie konfuzja ogarnęła,
Tak że wziąwszy za pas nogi
Chciałem drapnąć za trzy progi.
Wtedy ona, mocium panie,
Zawołała: "Stój, Macieju –
Niech się twoja wola stanie,
Ja przyjmuję ją w pokorze,
Masz ten pierścień – szczęść nam Boże".
PAPKIN
Daj go kaci! wielka sztuka!

CZEŚNIK
w złości
Z rewerencją, u kaduka,
Bo...
wskazuje drzwi
PAPKIN
A zawsześ w gniewie skory!
Jakie by to były spory,
Gdybym nie miał krwi zimniejszej.
Ale mówmy o ważniejszej
Teraz rzeczy.
CZEŚNIK
Ja tak radzę.
PAPKIN
Ów młodzieniec od Rejenta,
Co mnie długo popamięta!
Bardzo prosi, czy nie może
Przy waszmości zostać dworze.
Zdatny, zwinny, wierny będzie,
Lecz co z tego?...
tajemnie
Mówią wszędzie,
Że za kołnierz nie wyleje.
CZEŚNIK
Nie wyleje – czy wyleje,
Miejsca u mnie nie zagrzeje:
Bo nie będę z ziemi zbierał,
Co Milczkowi z nosa spadnie...
Chyba, gdyby się opierał,
Chciał zatrzymać samowładnie,
Wtedy przyjmę na przekorę.
Będziesz mógł to poznać snadnie,
Bo imprezę inną biorę:
Za dzisiejszą mą swawolę
I że w murze gdzieś tam dziura,
Gotów pieniać mnie szlachciura,
Więc krzyżową skończyć wolę.
Pójdziesz wyzwać, mocium panie;
Circa quartam niech mi stanie
U trzech kopców z Czarnym Lesie.
do siebie

Jak mu utnę jedno ucho,
A czej z drugim się wyniesie.
PAPKIN
Lepiej pisać...
CZEŚNIK
A, broń Boże!
Tam objaśnień, tam namowy,
Tam potrzeba tęgiej głowy.
PAPKIN
Muszę przyznać się waszmości:
Od ostatniej mej słabości
Tak zgłupiałem!...
CZEŚNIK
To być może.
PAPKIN
Zatem...
CZEŚNIK
Wykręt nie pomoże.
PAPKIN
Miejże, człeku, Boga w duszy,
Nie wysyłaj nieboraka;
Nim mu w lesie utniesz uszy,
Mnie tam spotka hańba jaka.
Wszakżeś mówił dzisiaj rano:
"Miłe mi jest jeszcze życie,
Gotów otruć, zabić skrycie."
CZEŚNIK
Skrycie? – Nie, na boskim świecie.
PAPKIN
niekontent
Ej tam, co tam!
CZEŚNIK
Tać ci przecie
Mnie pod nosem łba nie utnie...
PAPKIN
Diabeł nie śpi.
CZEŚNIK
Bałamutnie!
PAPKIN
pokazując powieszenie
A nużby mnie?...

CZEŚNIK
grożąc
Niech spróbuje!
Taką bym mu kurtę skroił!...
PAPKIN
Diabliż mi tam po tej kurcie,
Jak zadyndam gdzie na furcie.
CZEŚNIK
głaszcząc go
Wiesz, co, Papciu – spraw się ładnie,
A w kieszonkę grubo wpadnie.
Całuje go w czoło i odchodzi w drzwi lewe, Papkin ze skrzywioną twarzą i kiwając głową w drzwi środkowe.

Akt III

Pokój Rejenta

Scena I

Rejent, Mularze
Rejent siedzi przy stoliku i pisze. Dwóch Mularzy przy drzwiach stoi.

REJENT
Mój majstruniu, mówcie śmiało,
Opiszemy sprawę całą;
Na te ciężkie nasze czasy
Boskim darem takie basy.
Każdy kułak spieniężymy:
Że was bito, wszyscy wiemy.
MULARZ
Niekoniecznie.
REJENT
Bili przecie,
Mój majstruniu.
MULARZ
Niewyraźnie.
REJENT
Czegóż jeszcze wam nie stało?
Bo machano dosyć raźnie.
MULARZ
Ot, szturknięto tam coś mało.
DRUGI MULARZ
Któż tam za to skarżyć zechce.
REJENT
Lecz kto szturka, ten nie łechce?
MULARZ
Ha! zapewne.
REJENT
Ani głaszcze?
MULARZ
Ha! zapewne...
REJENT
A więc bije?
MULARZ
Oczywiście.

REJENT
Komu kije
Porachują kości w grzbiecie,
Ten jest bity - wszak to wiecie?
A kto bity, ten jest zbity?
Co?
MULARZ
Ha! dobrze pan powiada,
Ten jest zbity.
REJENT
Więc was zbili,
To rzecz jasna moi mili.
MULARZ
Ta, już jakoś tak wypada.
REJENT
napisawszy
Skaleczyli?
MULARZ
A, broń Boże!
REJENT
Nie, serdeńko?
MULARZ
Ach - nie.
REJENT
Przecie -
Znak, drapnięcie?...
MULARZ
pomówiwszy z drugim
Znajdziem może.
REJENT
A drapnięcie, pewnie wiecie -
Mała ranka, nic innego.
MULARZ
Tać, tak niby...
REJENT
Mała - wielka,
Jednym słowem rana wszelka
Skąd pochodzi?
MULARZ
Niby... z tego...

REJENT
Z skaleczenia.
MULARZ
Nie inaczéj.
REJENT
Mieć więc ranę tyle znaczy,
Co mieć ciało skaleczone;
Że zaś raną jest drapnięcie,
Więc zapewnić możem święcie,
Że jesteście skaleczeni -
Przez to chleba pozbawieni.
MULARZ
O! to znowu...
REJENT
Pozbawiony
Jesteś, bratku, i z przyczyny,
Że ci nie dam okruszyny.
pisze
Przez to chleba pozbawieni,
Z matką - żoną - czworgiem dzieci...
MULARZ
Nie mam dzieci.
DRUGI MULARZ
Nie mam żony.
REJENT
Co? nie macie? - Nic nie szkodzi;
Mieć możecie - tacy młodzi.
MULARZ
Ha!
DRUGI MULARZ
Tać prawda.
REJENT
napisawszy
Akt skończony.
Teraz jeszcze zaświadczycie,
Że nastawał na me życie
Stary Cześnik - jęty szałem,
Strzelał do mnie.
MULARZ
Nie widziałem.

REJENT
Wołał strzelby.
DRUGI MULARZ
Nie słyszałem.
MULARZ
Wołał wprawdzie: "Daj gwintówki!" -
Lecz chciał strzelać do makówki.
REJENT
Do makówki... do makówki...
No, no - dosyć tego będzie,
Świadków na to znajdę wszędzie -
Nie brak świadków na tym świecie.
Teraz chodźcie - bliżej! bliżej!
Znakiem krzyża podpiszecie:
Michał Kafar - trochę niżej -
Tak, tak - Maciej Miętus. - Pięknie! -
Za ten krzyżyk będą grosze,
A Cześniczek z żółci pęknie.
MULARZ
Najpokorniej teraz proszę,
Coś z dawnego nam przypadnie...
REJENT
Cześnik wszystko będzie płacił.
MULARZ
Jakoś, panie, to nieładnie...
REJENT
Byleś wasze nic nie stracił.
MULARZ
Tum pracował...
REJENT
popychając go ku drzwiom
Idźże z Bogiem,
Bo się poznasz z moim progiem.
MULARZ
Tu zapłata, każdy powié...
REJENT
popychając ku drzwiom
Idź, serdeńko, bo cię trzepnę.
MULARZ
w drzwiach
Ależ przecie...

REJENT
zamykając drzwi
Bądźcie zdrowi,
Dobrzy ludzie, bądźcie zdrowi!
wracając
Czapkę przedam.
Pas zastawię.
A Cześnika stąd wykurzę;
Będzie potem o tej sprawie
Na wołowej pisał skórze.
Lecz tajemne moje wieści
Jeśli wszystkie z prawdą zgodne -
Tym, czym teraz serce pieści,
Najboleśniej tym ubodę!

Scena II
Rejent, Wacław
REJENT
W czas przychodzisz, drogi synu,
Omówimy słówek parę.
siada i daje znak synowi, aby usiadł
Z niejednego twego czynu
Niezachwianą wziąłem wiarę,
Iż wstępując w moje ślady
Pobożności kroczysz drogą,
Że złe myśli, podłe rady
Nigdy zwieść cię z niej nie mogą.
Rade temu serce moje,
Quandoquidem już przy grobie,
Żyję jeszcze tylko w tobie.
ociera łzy
Sekatury, gorżkie znoje
W nieustannej alternacie
Składam kornie ciebie gwoli
Przy Najwyższym Majestacie.
Do fortunnej twojej doli
Aspiruję jeszcze w świecie.
WACŁAW
Łaski ojca dobrodzieja,
Acz nieczęsty, dowód – drogi.

REJENT
W tobie jedna ma nadzieja,
Lecz zazdroszczą mi jej wrogi;
Syna z ojcem chcą rozdzielić,
Chcą się smutkiem mym weselić,
Złego ducha pną mamidła,
Twej młodości stawią sidła.
WACŁAW
Nie rozumiem...
REJENT
Nie rozumiesz?
Starościanka...
WACŁAW
Cna dziewica,
Tę ubóstwiać...
REJENT
Skrycie umiesz.
WACŁAW
Jeśli była tajemnica,
To dlatego, żem chciał wprzody
Do sąsiedzkiej skłonić zgody.
REJENT
Mnie z Cześnikiem? - O mój Boże!
Któż jej więcej pragnąć może
Niż ja, człowiek bogobojny?
WACŁAW
Zezwól zatem, abym z Klarą...
REJENT
Być nie może, żadną miarą;
Cześnik burda - ja spokojny.
WACŁAW
Lecz cóż Klara temu winna,
Że czasami stryj szalony?
REJENT
Czy tam winna, czy niewinna,
Innej waści trzeba żony;
I, serdeńko - będzie inna.
WACŁAW
Ach, mój ojcze, wyrok srogi...
REJENT
Nieodmienny, synku drogi.

WACŁAW
Moja dola, rzekłeś przecie,
Jednym celem na tym świecie.
REJENT
Bóg to widzi i ocenia.
WACŁAW
Ja ją kocham.
REJENT
z uśmiechem
To się zdaje.
WACŁAW
Nie przeżyję rozłączenia.
REJENT
Ja się tego nie przestraszę.
WACŁAW
I przysięgam...
REJENT
surowo
Zamilcz, wasze!
z słodyczą
Co los spuści, przyjąć trzeba;
Lecz, serdeńko, gdyś tak stały,
Gdzież dawniejsze twe zapały?
Milczysz... Jakże?...
ironicznie
Nie do wiary,
Jak o wszystkim wie ten stary!
WACŁAW
Młodość... może...
REJENT
Podstolina
Była quondam ta jedyna!
Ta wybrana! ta kochana!
Teraz bawi u Cześnika.
WACŁAW
z pośpiechem
Zaręczona Cześnikowi.
REJENT
Póty temu nie uwierzę,
Póki sama nie odpowié.

WACŁAW
Nie odpowie? Podstolina?
REJENT
Zapytałem ją w tej mierze;
Przyjmie rękę mego syna.
WACŁAW
Lecz nie przyjmie syn jej ręki.
REJENT
Syn - posłuszny, Bogu dzięki. -
Intercyzę przyłączyłem,
Gdzie dokładnie wyraziłem -
Która zechce zerwać strona,
Ta zapłaci sto tysięcy.
WACŁAW
Moje szczęście warte więcéj.
REJENT
Szczęściem będzie taka żona.
WACŁAW
Wprzód mogiła mnie przykryje...
Leczi Cześnik jeszcze żyje,
On nas spali w pierwszym pędzie.
REJENT
z flegmą, jak zawsze
Ha! - To Cześnik wisieć będzie.
Niech się dzieje wola nieba,
Z nią się zawsze zgadzać trzeba.
Ojcze!
REJENT
Synu!
WACŁAW
Ostre noże
Topisz w sercu syna twego.
REJENT
Nie ma złego bez dobrego.
WACŁAW
Zmień twój rozkaz.
REJENT
Być nie może.
WACŁAW
rzucając się do nóg
Ach, litości!

REJENT
Tę zyskałeś!
Patrz, ja płaczę.
WACŁAW
wstając
Mieć nadzieję?...
REJENT
Nie, serdeńko, być nie może.
WACŁAW
Ja z rozpaczy oszaleję.
REJENT
Patrz, ja płaczę - ani słowa!...
Cnota, synu, jest budowa,
Jest to ziarno, które sieje...
Wacław odchodzi. Po krótkim milczeniu:
Jeszcze diable młoda głowa.

Scena III
REJENT
Co skłoniło Podstolinę,
Wdówkę tantną, wdówkę gładką,
Za takowę iść gadzinę,
To dotychczas jest zagadką;
Ale wątpić nie wypada,
Iż zamienić będzie rada.
prostując się
Acz i starość bywa żwawa,
Wżdy wiek młody ma swe prawa.
Ale Cześnik, gdy postrzeże,
Iż na dudka wystrychnięty,
Może... może... strach mnie bierze,
Apopleksją będzie tknięty...
Z nią się zawsze zgadzać trzeba.

Scena IV
Rejent, Papkin
PAPKIN
wsuwając się trwożnie
Wolnoż wstąpić?
REJENT
Bardzo proszę.

PAPKIN
z najniższym ukłonem i nieśmiało
Pana domu i Rejenta
Widzieć w godnej tej osobie
Chluba wielka, niepojęta,
Spada na mnie w tejże dobie,
Jak niemylnie pewnie wnoszę.
REJENT
pokornie
Tak jest - sługa uniżony.
Wolnoż mi się w odwet spytać,
Kogom zyskał honor witać?
PAPKIN
na stronie
Hm! pokorna coś szlachciurka,
Z każdym słowem daje nurka —
Niepotrzebne miałem względy...
śmielej
Jestem Papkin.
Rejent wskazuje z ukłonem krzesło na środku stojące. Papkin przypatrując się z uwagą Rejentowi, który, jak zawsze, z założonymi na piersiach rękoma nieporuszenie w miejscu stoi. Papkin mówi dalej na stronie:
Jak uważam,
Skończę wszystko bez pomocy.
głośno, wyciągając się na krześle
Jestem Papkin, lew Północy,
Rotmistrz sławny i kawaler -
okazując gestem wstęgi orderowe
Tak, siak, tedy i owędy...
Mądry w radzie, dzielny w boju,
Dusza wojny, wróg pokoju. -
Znają Szwedy, muzułmany,
Sasy, Włochy i Hiszpany
Artemizy ostrze sławne
I nim władać ramię wprawne -
Jednym słowem, krótko mówiąc,
Kula ziemska zna Papkina. -
Teraz, bratku, daj mi wina.
REJENT
po krótkim wahaniu, na stronie

Nemo sapiens, nisi patiens.
Dostaje butelki spod stolika, kilimkiem nakrytego -
patrzy w nię do światła - nalewa lampeczkę i podaje
PAPKIN
na stronie
O! brat szlachcic tchórzem podszyt.
Po zleceniu od Cześnika
Może sobie udrę łyka.
nakrywa głowę; pije
Cienkusz!
pije
Deresz!
pije
REJENT
na stronie
Nadto śmiało.
PAPKIN
Istna lura, panie bracie,
Cóż, lepszego to nie macie?
REJENT
Wybacz, Waszmość, lecz nie stało.
PAPKIN
Otóż to jest szlachta nasza!
z wzgardą
Siedzi na wsi, sieje, wieje,
Zrzędzi, nudzi, gdyra, łaje,
A dać wina - to nie staje.
Albo jeśli przyjdzie flasza,
Samą maścią już przestrasza;
Potem prosi: "Jeśli łaska..." -
Nie proś, nie nudź, hreczkosieju,
A lepszego daj, u diaska{u diaska - u diabła}!
REJENT
Ależ, mości dobrodzieju...
PAPKIN
pijąc
Mętne, kwaśne nad pojęcie -
Istna lura, mój Rejencie.
REJENT
na stronie
Cierpliwości wiele trzeba:

Niech się dzieje wola nieba.
PAPKIN
Zwiedź piwnice wszystkie moje,
Gdzie z pół świata masz napoje,
Gdzie sto beczek stoi rzędem,
Jeśli znajdziesz co takiego,
Dam ci, bratku, konia z rzędem.
REJENT
z ukłonem
Pozwól spytać, panie drogi,
Gdyż nie znana mi przyczyna,
Co w nikczemne moje progi
Marsowego wiedzie syna?
PAPKIN
rozpierając się na krześle przy stoliku
Co? Chcesz wiedzieć?
REJENT
Proszę o to.
PAPKIN
Więc staję tu, wiedz, niecnoto,
Z strony jaśnie wielmożnego
Cześnika Raptusiewicza,
Co go ranku dzisiejszego
Twych sługalców sprośna dzicza,
Godna jednak pryncypała,
W jego zamku napaść śmiała.
REJENT
Mówże waszmość trochę ciszéj,
Jego sługa dobrze słyszy.
PAPKIN
Mówię zawsze podług woli.
REJENT
Ależ bo mnie głowa boli.
jeszcze głośniej
Że tam komu w uszach strzyka
Albo że tam czyj łeb chory,
Przez to nigdy w pieśń słowika
Nie odmienią głos stentory.
REJENT
słodko
Ależ bo ja mam i ludzi

Każę oknem cię wyrzucić.
*Papkin w miarę słów Rejenta wstaje z wolna, zdejmując kapelusz
A tam dobry kawał z góry.*
PAPKIN
O, nie trzeba.
REJENT
Jest tam który!
Hola!
PAPKIN
Niech się pan nie trudzi.
REJENT
Pan jak piórko stąd wyjedzie.
do służących
Czekać w czterech tam za drzwiami!
PAPKIN
Ale na cóż to, sąsiedzie,
Tej parady między nami?
REJENT
Teraz słucham waszmość pana.
sadzając go prawie gwałtem
Bardzo proszę - bardzo proszę -
siada blisko i naprzeciwko
Jakaż czynność jest mu dana?
Nie spuszcza z oka Papkina
PAPKIN
Jesteś trochę nadto żywy:
Nie wiedziałem, Bóg mi świadkiem,
Że tak bardzo masz słuch tkliwy;
Przestrzeż, proszę, gdy przypadkiem
Jakie słówko głośniej powiem.
REJENT
Czy się prędko rzeczy dowiem?
PAPKIN
bardzo cicho
Zaraz - Cześnik bardzo prosi...
REJENT
Hę?
PAPKIN
Czy głośniej?
Cześnik prosi...
To jest... raczej... Cześnik wnosi,

Że... by skończyć w jednej chwili
Kontrowersją, co... zrobili...
nie mogąc uniknąć wzroku Rejenta, miesza się coraz więcej
Dobrze mówię... co zrobili...
Kontrowersją... jak rzecz znana...
Że tak... to jest... że... sprzy... sprzyja...
odwracając się, na stronie
A, to jakiś wzrok szatana,
Cały język w trąbkę zwija.
REJENT
Ja nie jestem pojąć w stanie -
Waszmość prawisz zbyt zawiło.
PAPKIN
wstając
Bo to... bo te... wybacz, panie,
Wino trochę mocne było,
A nie jestem zbyt wymowny...
ciszej
Czy tych czterech jeszcze stoi?
REJENT
Jednym słowem - mój szanowny,
Dobry sąsiad czego żąda?
PAPKIN
Lecz się poseł trochę —
REJENT
kończąc
Boi.
Bądź, serdeńko, bez obawy.
PAPKIN
Więc Cześnika prośba niesie,
Abyś waszmość circa quartam
U trzech kopców w Czarnym Lesie
Stanął z szablą do rozprawy.
REJENT
ironicznie
Stary Cześnik jeszcze żwawy!
PAPKIN
ośmielając się
Ba! To wszyscy wiedzą przecie,
Że niemylne jego ciosy;
Wszakże w całym już powiecie

Pokarbował szlachcie nosy,
Tylko jeszcze...
REJENT
Ciszej, proszę.
PAPKIN
oglądając się na drzwi
Jego grzeczną prośbę wnoszę
I dołączam moję własną
O odpowiedź krótką, jasną.
REJENT
Tę listownie mu udzielę.
Ale jakże to się zgadza,
Wszak ci jutro ma wesele...
PAPKIN
śmielej
Tamto temu nie przeszkadza:
Rano pierscień - w pół dnia szabla -
Wieczór kielich - w nocy...
REJENT
słodko
Cicho.
PAPKIN
Prawda - cicho...
na stronie
Sprawa diabla,
Ani mru - mru. - Czy mnie licho
Tu przyniosło w takie szpony!
REJENT
ironicznie
Wielki afekt przyszłej żony?
PAPKIN
Fiu, fiu, fiu! Tak - że z miłości
Trzykroć na dzień wpada w mdłości.
Cześnik także rozogniony,
Jak gromnica ku niej pała -
Będzie para doskonała;
A że wierna w każdej sprawie,
Ręce, nogi w zakład stawię.

Scena V

Rejent, Papkin, Podstolina
PODSTOLINA
Otóż jestem na wezwanie
W twoim domu, mój Rejencie,
Co dowodem niech się stanie,
Żem zmieniła przedsięwzięcie.
Nie straciłam na namyśle
Niepotrzebnym czasu wiele -
Bo ja rzadko kiedy myślę,
Alem za to chyża w dziele -
I nie mówiąc Cześnikowi:
"Mój staruszku, bądźcie zdrowi,
Milsze od was są sąsiady" -
Podpisuję twe układy
I w minucie tutaj staję. -
oddając papier złożony
Waszmość panu jeden daję,
Drugi odpis u mnie będzie -
I wzajemnie dane słowa,
Witam ciebie jak synowa.
REJENT
Wielki splendor na mnie spływa,
Moja pani miłościwa,
I fortuna w złotej nawie
Żagiel dla mnie swój rozpięła,
Gdyś chętliwie i łaskawie
W twoje skarbne serce wzięła
Najkorniejsze prośby moje.
Tak jest, pani miłościwa,
Wielki splendor na mnie spływa,
A na szczepu mego trzaski
Jeszcze większy spłynąć może,
Bo chcesz, z arcywielkiej łaski,
Mego syna dzielić łoże.
Niechże mi tu wolno będzie
Na tej lichej, własnej grzędzie,
Polecając waszmość pani
Trwałej przychylności zdroje
I powolne służby moje,
Do maluczkich upaść nóżek

Jako sługa i podnóżek.
całuje ją w rękę
PAPKIN
na stronie
Co ja słyszę! Co, u kata!
I z nią syna swego swata!
Wszak ci Cześnik, gdy się dowie,
Jak szczupaka go rozpłata.
PODSTOLINA
Nie myśl jednak, mój Rejencie,
Że to z gustu do odmiany
Wzięłam inne przedsięwzięcie;
Syn twój, Wacław, był mi znany,
Bardzo znany - jednym słowem,
Na cóż mam się kryć w tej mierze -
Był kochany, kochał szczerze.
PAPKIN
klaskając w palce
Tędy droga!
PODSTOLINA
Cóż to znaczy?
Papkin tu?...
PAPKIN
Tak, Papkin czeka,
Aż go Anna zoczyć raczy.
PODSTOLINA
do Rejenta
Waszmość cierpisz tego człeka?
do Papkina
Precz mi z oczu!
PAPKIN
z pośpiechem
Idę.
REJENT
Czekaj,
Wasze!
PAPKIN
Czekam.
REJENT
Odpis przecie...

PODSTOLINA
On to zdradną swą wymową
Mnie, zbyt słabej, mnie, kobiecie,
Opłakane wyrwał słowo.
PAPKIN
Ja?
PODSTOLINA
I gdyby nie ta zmiana,
Szłabym biedna w moc tyrana.
PAPKIN
do siebie
Dzień feralny!
REJENT
do Podstoliny
Wola nieba,
Z nią się zawsze zgadzać trzeba.
Ale teraz, moje zdanie,
Że gdy Cześnik nie wie jeszcze
O nam chlubnie zaszłej zmianie,
Lubo w piśmie rzecz umieszczę -
Dobrze będzie, gdy z twej strony
Papkin weźmie zapewnienie
I powtórzy to, co w liście
PAPKIN
na stronie
Chce mnie zgubić oczywiście!
REJENT
Daj mu, pani, twe zlecenie,
A ja skreślę słówek parę.
Odchodzi

<hr>
Scena VI

Podstolina, Papkin
PAPKIN
odprowadziwszy go oczyma
Podstolino! mam dać wiarę?
Co to znaczy? gdzie sumienie?
REJENT
ukazując głowę w drzwiach
Proszę ciszej.

PAPKIN
Prawda - ciszéj.
na stronie
I przez mury czart ten słyszy.
cicho do Podstoliny
Ach, co robisz, Podstolino,
Z twej przyczyny wszyscy zginą.
Czyliż Cześnik ci nie znany?
On nie zniesie tego sromu,
On pochodnią i żelazem
Śmierć wyrzuci w wasze ściany,
Gruz zostawi z tego domu.
Bój się Boga! Chodźmy razem.
oglądając się i odprawiając coraz bardziej na stronę
Ach, ty nie wiesz, gdzieś przybyła...
W jakiej strasznej jesteś toni...
Cicho!... Gdyby nie w tej dłoni
Artemizy groźna siła,
Już by... Sza!... Niech Bóg nas broni...
Dalej we drzwi i na wschody.
PODSTOLINA
wyrywając się
Wolna droga.
PAPKIN
Niekoniecznie -
Czterech stoi.
PODSTOLINA
Lecz weź wprzódy
Pożegnanie dla Cześnika:
Kłaniaj mu się bardzo grzecznie,
Powiedz oraz, jak mą duszę
Zbyt boleśnie żal przenika,
Że się tak z nim rozstać muszę.
Niech porywczo mnie nie gani...
PAPKIN
Banialuki, moja pani,
Tych ode mnie nie usłyszy.

Scena VII

Podstolina, Papkin, Rejent
REJENT
Ciszej, z łaski...
PAPKIN
Prawda - ciszéj.
REJENT
Oto jest list do sąsiada.
PAPKIN
Ambasada diable śliska!
REJENT
Żegnam.
PAPKIN
w ukłonach
Papkin nóżki ściska,
Za przyjęcie dzięki składa.
Ukłony i ceremonie aż do końca sceny
REJENT
Nie ma za co.
PAPKIN
O, i owszem.
REJENT
odprowadzając go
Sługa, sługa uniżony.
PAPKIN
Proszę wrócić.
REJENT
Nie wypada.
PAPKIN
Suplikuję.
REJENT
Tylko z góry.
PAPKIN
Nie pozwolę.
REJENT
Jest tam który!
Drzwi otwierają się i widać czterech pachołków
PAPKIN
O, bez wszelkich ceremonii...
REJENT
do pachołków

Panu temu wskazać drogę.
PAPKIN
Ściskam nóżki - trafić mogę...
REJENT
Wziąć pod ręce... Nie bez laski...
Wschody ciemne - macać trzeba.
PAPKIN
Ściskam nóżki. - Zbytek łaski...
Z ukłonu jednym susem za drzwiami się znajduje.
Drzwi się zamykają - słychać łoskot, jak gdyby kto zleciał ze schodów.
Podstolina idzie ku Rejentowi.
REJENT
wracając
Niech się dzieje wola nieba,
Z nią się zawsze zgadzać trzeba!

Akt IV

Sala w domu Cześnika. - Oprócz drzwi bocznych jedne większe w głębi, po prawej stronie, do kaplicy. Stoły po obu stronach; na stole po prawej stronie kałamarz i co trzeba do pisania; butelka i parę kieliszków. - W głębi przybijają girlandy.

Scena I

Cześnik, Dyndalski
Przy podniesieniu kurtyny Dyndalski stoi przy siedzącym Cześniku trzymając dwie karabele, trzecią Cześnik ogląda podczas pierwszych wierszy; w głębi Śmigalski i Perełka.

CZEŚNIK
trzymając karabelę
No, Śmigalski! czas przyspiesza,
Dalej, dalej na deresza;
Iwitacją nieś piorunem
I spełń gładko me rozkazy.
Powtórz wszystkim po trzy razy,
Że na jutro ja, pan młody,
Rozumiesz? - no! ruszaj z Bogiem.
Śmigalski odchodzi. Po krótkim milczeniu
Hej, Perełka! Waść mi jutro
Nie zaglądaj do blaszanki,
Bobym waści przypiekł grzanki.
Jutro sztukę pokaż światu;
Nie żałować, mocium panie,
Cynamonu i muszkatu,
I wszelkiego aromatu,
Aby było, jak należy.
Masz do ryby szafran świeży
I bakalii po dostatku -
Niechże będzie dobrze, bratku.

PEREŁKA
Jakaż cyfra, jaśnie panie,
Na pośrodku stołu stanie?

CZEŚNIK
M.H. - M.H. - Maciej, Hanna;
W górze serca, w dole VIVAT,
A z konceptem wszystko wszędzie.

PEREŁKA
Jaśnie panie dobrze będzie.
Na znak odchodzi.
CZEŚNIK
po krótkim milczeniu, oglądając karabelę
Rejent siedzi jak lis w jamie,
Skąd wykurzyć ciężka praca;
Lecz wyciągnie moje ramię,
Jeśli jakie, mocium panie,
Korowody robić zechce.
DYNDALSKI
Ba! - bo kto bądź, nieuroku,
Z jaśnie panem w szranki stanie,
Tego wcześnie coś w nos łechce.
CZEŚNIK
oddając jednę, a biorąc drugą karabelę
A łechtliwej diable skóry
Ci z palestry ichmościowie;
Nie dotrzyma żaden kroku,
Chociaż wyjdzie czasem który.
DYNDALSKI
Ba!
CZEŚNIK
dobywając szabli
He, he, he! Pani barska!
Pod Słonimem, Podhajcami,
Berdyczowem, Łomazami
Dobrze mi się wysłużyła.
Inna też to sprawa była:
Młódź acz dzielna, w boju dziarska,
Tak jak w poczet Bóg nas kładzie.
Ale teraz to się staje,
Że od kury mędrsze jaje.
po krótkim milczeniu
Tęga głownia, mocium panie,
Lecz demeszkę przecie wolę.
odmieniwszy szabli
Ej, to śmiga! - jakby wrosłą.
Niejednego ona posła
Wykrzesała z kandydata;
Niejednemu pro memoria

Gdzieś przy uchu napisała:
machając
"Jak się wznosi, ledwie błyśnie -
Oddaj się Bogu, jak świśnie!"

Scena II

Cześnik, Papkin
Dyndalski pomógłszy przypasać karabelę Cześnikowi, odchodzi w drzwi lewe.
CZEŚNIK
Jesteś przecie...
PAPKIN
kapelusz na bakier, ale włosy i suknie trochę w nieładzie
Z suchym gardłem -
Pozwól kapkę. To mi sprawa!
nalewa sobie i pije
Aż mu urósł na trzy piędzie.
CZEŚNIK
Toż to teraz pływać będzie!
PAPKIN
Lecz ten Rejent - sztuczka żwawa,
I szatańska przy tym postać.
Omal, omal, żem nie musiał
Artemizy z pochew dostać;
Lecz się bałem, mówiąc szczerze,
Bo jak zwącha moje ramię,
Czart ja chyba zdzierży w mierze.
CZEŚNIK
Jak ten nequam ostro kłamie! -
Lecz cóż Rejent? będęż wiedzieć?
PAPKIN
Przyjął grzecznie, prosił siedzieć,
Dodał wina, zieleniaka...
CZEŚNIK
jakby do siebie
Otruł pewnie.
PAPKIN
Jak to? co to?...
Nie, nie...
PAPKIN
Ale...

CZEŚNIK
I cóż daléj?
PAPKIN
Otruł, mówisz.
CZEŚNIK
Z tą niecnotą
Nie ma żartu, mocium panie.
PAPKIN
Mnie bez tego... coś tu pali.
CZEŚNIK
Jakże przyjął me wyzwanie?
Cóż?
Milczenie
A tam co? Głuchoniemy?
Papkin osłupiały, nie patrząc się, oddaje listy.
Aha! Z listu się dowiemy.
czyta
Co, co, co, co!
prędko
co, co, co, co!
każdym krokiem krzyczy "co!", jakby nie mógł słów znaleźć.
Papkin cofa się aż za stolik, po lewej stronie stojący.
Co, co, co, co!
PAPKIN
To, to, to, to.
CZEŚNIK
Podstolina...
PAPKIN
płaczliwie sens kończąc
Nam skrewiła.
CZEŚNIK
Do Rejenta...
PAPKIN
jak wyżej
Zabłądziła.
CZEŚNIK
Do Rejenta... do Rejenta?...
I chce... chce pójść...
PAPKIN
truchlejąc
Za Wacława.

I tyś milczał, ćmo przekleta!...
Ale krótka będzie sprawa...
O płci zdrada! czci niewarta!
Obyś była jak ta karta
W moim ręku teraz cała...
mnąc list
Tak, tu...
PAPKIN
wpadając w mowę, na stronie
Z pyszna by się miała!
CZEŚNIK
Utarłbym cię w proch z kretesem.
Ale czasu nie chcę tracić
Do weselnej sarabandy
Muszę skrzypka im zapłacić,
Niech im zagra - a od ucha,
Aż się Rejent w kółko zwinie!
Pozna szlachcic po festynie,
Jak się panu w kasze dmucha!
Hola, ciury! Hej, dworzanie!
Dalej za mną mocium panie!
Wychodzi środkowymi drzwiami.

Scena III

Papkin, później Dyndalski
PAPKIN
Tu coś boli... O! Aj!... Piecze...
Ach, to wino! takie męty!
O zbrodniarzu! O, przeklęty
Taką piękną niszczysz różę!
Dyndalski wychodzi z drzwi lewych
Ach, Dyndalsiu! cny człowiecze!
Ach, powiedzcie, czy być może?...
DYNDALSKI
Co - czy może?
PAPKIN
Że ta żmija,
Ten w Rejenta czart wcielony
Dziś trucizną mnie zabija?
DYNDALSKI
Ej, gdzie znowu!

PAPKIN
Nie wierzycie?
DYNDALSKI
Kto by się tam i łakomił
Na waszmości nędzne życie!
PAPKIN
Nic nie będzie zatem złego?
DYNDALSKI
Ej, nie.
PAPKIN
Cześnik mówił przecie...
DYNDALSKI
Ha, to znowu co innego...
Jaśnie panu wszystko w świecie
Tak jest znane, jakby komu,
Mój paniczu, w własnym domu.
Otruł!... proszę!... co za psota!
PAPKIN
Jakaż wasza teraz rada?
Robić, począć co wypada?
DYNDALSKI
Ha!
zażywa
Po księdza posłać trzeba.
wchodząc w drzwi środkowe
Proszę, proszę, to niecnota!

Scena IV

PAPKIN
rzucając się na krzesło
Umrzeć, umrzeć, wielkie nieba!
po krótkim milczeniu
Jam go beształ, mieszał z błotem,
On traktament miał dać potem;
I ten pośpiech jego wielki,
Z jakim wziął się do butelki,
Z jakim nalał lampkę całą,
Jeszcze że mi było mało!...
Tak, połknąłem, mam truciznę.
Już się z tego nie wyślizgnę,
Więc testament mój ułożę...

z płaczem nie przesadzonym
Potem kupię wieczne łoże,
Potem pogrzeb swój zapłacę...
Potem... requiescat in pace
Papkin, ocierając często z łez oczy, pisze czas jakiś.

Scena V

Papkin, Cześnik, Dyndalski
CZEŚNIK
Hola, hola, nie tak zrobię -
Wszystko to są z mydła banki;
Lepszą zemstę przysposobię,
Ale trzeba zażyć z mańki.
Bylem syna dostał w siatkę,
Mam na niego dobrą klatkę;
A tatulem się nie straszę,
potem o tym...
do Papkina
Puszczaj, wasze.
PAPKIN
nie oglądając się
Ja testament teraz piszę.
CZEŚNIK
Niechże o tym już nie słyszę,
Bo do czubków odwieźć każę.
PAPKIN
wstając
Czy tak? -
do siebie
Zaraz legat zmażę.
Papkin przenosi się do stolika po lewj stronie będącego.
CZEŚNIK
do Dyndalskiego
Siadaj, waść, tu - zmaczaj pióro,
Będziesz pisał po mym słowie.
DYNDALSKI
Stawiam tytle niezbyt skoro.
CZEŚNIK
Właśnie babskiej trzeba ręki.
Życie w zakład: gaszka złowię;
Dobrze będzie.

DYNDALSKI
Bogu dzięki!
CZEŚNIK
Teraz trzeba pisac właśnie -
Jakby Klara do Wacława...
DYNDALSKI
O! o!
CZEŚNIK
No, cóż - "o! o!"?
DYNDALSKI
podnosząc się
Jaśnie
Panie, wszak to despekt dla niej.
CZEŚNIK
Co się waszeć o to pyta.
Maczaj pióro, pisz, i kwita.
Dyndalski siada wyprostowany na brzeżku krzesła i macza pióro. Papkin w ciągu tej sceny pisze. Czasem wstaje, przechodzi się w głębi, macza pióro u stolika, przy którym Cześnik siedzi, znowu siada
- ciagle płacząc, wszakże bez przesady.
CZEŚNIK
po krótkim myśleniu
Aby udać, trzeba sztuki:
Owe brednie, banialuki,
To miłosne świergotanie...
myśli
Jak tu zacząć, mocium panie?
DYNDALSKI
podnosząc się
Cnym afektem ulubiony...
CZEŚNIK
O... o... o... o!... Jak od żony...
A tu trzeba pół, ćwierć słowa;
Ni tak, ni siak niby owa:
"I chciałabym, i boję się".
O! Już wiesz - no! na tym sztuka...
Lecz nie wasci w tym nauka.
Pisz waść...
nuci
Zaraz

nuci, dyktując
"Bardzo proszę"...
pokazując palcem na pismo
Co to jest?
DYNDALSKI
podnosząc się, jak to za każdym razem, kiedy mówi do Cześnika B.
To?
DYNDALSKI
B duże -
A capite, jasnie panie.
CZEŚNIK
przez stół patrząc
B? To - kreska, gdzież dwa brzuszki?
DYNDALSKI
Jeden w spodzie, drugi w górze.
CZEŚNIK
dostając okularów
Cóż, u czarta!
bierze papier
Tać jest... duże...
Tu Papkin nachyla się przez Cześnika, chcąc zmaczać pióro; ten go odtrąca mówiąc co niżej, potem prowadzi oczyma aż na miejsce:
Czy go!...
Papkin odtrącony odchodzi; przystępując z tyłu do stolika, stąpa na nogę Dyndalskiemu.
DYNDALSKI
Ta, bo!...
CZEŚNIK
przypatrując się pismu
Kto pomyśli, może zgadnie.
No, no - pisz waść, a dokładnie.
dyktuje
"Bardzo proszę" ... mocium panie...
Mocium panie... "me wezwanie"...
Mocium panie... "wziąć w sposobie"...
Mocium panie... "wziąć w sposobie,
Jako ufność ku osobie"...
Mocium panie... "waszmość pana,
Która lubo mało znana...

Która lubo mało znana"...
pokazując palcem
Cóż to jest?
DYNDALSKI
podnosząc się
Żyd - jaśnie panie,
Lecz w literę go przerobię.
CZEŚNIK
Jak mi jeszcze kropla skapie,
To cię trzepnę tak po łapie,
Aż proformę wspomnisz sobie. -
Czytaj waść...
Dyndalski obciera pot aż po karku
No! Jak tam było?
DYNDALSKI
czyta
I powtarzaj.
dyktuje
"Bardzo proszę"...
Moć...
Zatyka sobie usta ręką
DYNDALSKI
powtarzając napisane
Moć...
CZEŚNIK
zrywa się
Co moć?... Cóż moć znaczy?...
Z tym hebesem nie pomoże;
Trzeba zrobić to inaczéj.
Nawet lepiej będzie może,
Gdy wyprawię doń pacholę
Z ustną prośbą. Tak, tak wolę. -
Słuchaj! - Idź mi... Ależ, ale! -
Rejentowicz od nikogo
Nie jest u mnie znany wcale...
PAPKIN
obojętnie
Wszyscy go tu poznać mogą,
Wszak był rano.
CZEŚNIK
Co? ów młody?

PAPKIN
Nie inaczéj.
CZEŚNIK
Na me szkody
W me komnaty ćwik się wkrada,
A ten milczy! nie powiada!
PAPKIN
obojętnie
Abym milczał, dał to złoto.
CZEŚNIK
biorąc się za głowę
O dlaboga! Ty niecnoto!
PAPKIN
Kto już na pół w grobie stoi,
Twego gniewu się nie boi.
rzucając sakiewkę na ziemię
Cóż ten kruszec w takiej porze!
CZEŚNIK
Milcz mi, wasze!
PAPKIN
Któż go ceni!
Na cóż mi się przydać może?
Chyba tylko do kieszeni.
CZEŚNIK
Cicho, cicho, bez hałasu,
Teraz na to nie ma czasu...
Ale jakem szlachcic prawy,
Zdasz mi poczet z twojej sprawy.
do Dyndalskiego
Wasze, idź mi, wypraw Rózię,
Niech do Milczka wkraść się stara,
Niech młodemu Wacławowi,
Paniczowi - no, wiesz? - powié,
Że go prosi panna Klara,
By nie mówiąc nic nikomu,
Chciał na chwilę przyjść łaskawie -
Aby nie był wżdy w obawie,
Bo Cześnika nie ma w domu.
No, rozumiesz?
DYNDALSKI
Dokumentnie.

CZEŚNIK
Sam tymczasem zwiń się skrzętnie:
Kilku ludzi u wyłomu
Postaw w krzakach. - Jeno nogą
Gaszek będzie za granicą,
Łapes capes - niech go chwycą;
A pójśc nie chce - związać mogą.
DYNDALSKI
Ależ despekt, jaśnie panie,
Tak postąpić jakby z ciurą.
CZEŚNIK
Wasze byłeś, jesteś rurą;
Jak rozkażę, tak się stanie.
chce odejść
PAPKIN
zastępując drogę
Cześniku...
CZEŚNIK
Cóż?
PAPKIN
podając pióro
Jako świadek...
CZEŚNIK
Idź do kata!
odchodzi z Dyndalskim w drzwi środkowe
PAPKIN
sam - powtarzając
"Idź do kata"...
Wdzięcznośc ludzi, wielkość świata -
Każdy siebie ma na względzie,
Póki dobre - cacko, złoto;
Jak zepsute - ruszaj w błoto.

Scena VI

Papkin, Klara z drzwi prawych
PAPKIN
O mych myśli ty bogini!
O ty jedna litościwa!
Pasmo życia jad przerywa,
Ale serce, jakby w skrzyni,
Miłość k?tobie zawsze kryje.

KLARA
Cóż się stało?
PAPKIN
Już nie żyję.
Byłbym przywiózł krokodyla,
Byłbym zyskał twoję rękę,
Lecz ostatnia przyszła chwila -
Dziś rycerską kończę mękę.
KLARA
na stronie
Stracił zmysły do ostatka.
PAPKIN
Ten testament wręczę tobie;
I zapłakać na mym grobie.
czyta, łzy często ocierając
Ja, Józef Papkin, syn mego ojca Jana Papkina...
czule
Jana, Jana, - Jan mu było.
czyta
Będąc zupełnie zdrów na ciele i umyśle, ale nie mogąc
wiedzieć, kiedy umrę...
Oczywiście.
bo jestem otruty przez rejenta Milczka w lampce wina...
W lampce wina. -
robię ten testament, czyli ostatnie rozporządzenie mojego
ruchomego i nieruchomego majątku.
Nieruchomym rozporządzić nie mogę, bo żadnego nie mam...
Nie mogę...
Ruchomości zaś tak rozdaję: Tej, którąm zawsze kochał, czcił,
szanował i ubóstwiał, JW Klarze Raptusiewiczównie, starościance
zakroczymskiej, daruję angielską gitarę i rzadką kolekcyją motyli,
będącą teraz w zastawie. - Artemizę...
Cześnikowi dać ją chciałem,
Ale teraz przemazałem.
Artemizę dostanie najdzielniejszy rycerz w Europie, pod
warunkiem,
aby pomnik postawił na mym grobie. zresztą ruchomości chcę być
pochowany.
ociera łzy
JW Cześnika zaś i JW Starościankę, jako egzekutorów testamentu,
suplikuję, aby moje wszystkie długi, jakie się tylko pokażą, nie

płacili, gdyż chcę przez to braciom moim różnego stanu i wyznania zostawic po sobie pamiątkę. - Józef Papkin.
Józef Papkin incognito -
Weź więc - i co tu wyryto,
Niech twa pamięć wiecznie trzyma.

Scena VII

Papkin, Klara, Wacław z drzwi lewych
WACŁAW
Klaro, Klaro, co się dzieje!
Los nas ściga nazbyt srogo -
Wszystkie drogie nam nadzieje
W jednej chwili przepaść mogą.
KLARA
Mów ostrożnie.
WACŁAW
spojrzawszy na Papkina
Zapłacony...
Podstolina w naszym domu -
Bo plan ojca niewzruszony
Ją zaślubić mnie przymusza.
KLARA
Przebóg!
WACŁAW
A ta podła dusza,
Bez litości i bez sromu,
Nie zważając me wyznania,
KLARA
Ach, Wacławie, nie mam władzy
Mówić, radzić w tej potrzebie,
Bo truchleję tu o ciebie.
Ach, ty nie znasz mego stryja! -
W porywczości nie ma granic.
WACŁAW
Nie lękaj się nadaremnie -
Komisarza wszak zna we mnie.
PAPKIN
obojętnie
O, komisarz teraz za nic.
WACŁAW
Więc zdradziłeś?...

PAPKIN
Powiedziałem.
WACŁAW
A, niegodny!...
KLARA
wstrzymując go
O mój drogi,
Nie powiększaj mojej trwogi.
WACŁAW
Niech przynajmniej go ukarzę...
KLARA
Śmierć zadajesz twojej Klarze.
PAPKIN
Kto już w grobie jedną nogą,
Na tym groźby nic nie mogą.
WACŁAW
Co on mówi?
KLARA
Próżna zwada -
Uchodź, uchodź, nie trać chwili.
PAPKIN
O, i moja taka rada,
Bo się w łaśnie Cześnik sili
Zwabić cie tu w swoje szpony -
Poczt hajduków rozstawiony
Chwyci, zwiąże cię w potrzbie.
KLARA
Jeszczeż mało to dla ciebie!
WACŁAW
Lecz jak będzie?...
KLARA
w trwodze
Dziś napiszę.
WACŁAW
Dziś wieczorem...
KLARA
Hałas słyszę...
WACŁAW
To, com mówił...
KLARA
prosząc

Potem, potem...
WACŁAW
idąc ku drzwiom lewym
Idę teraz, lecz z powrotem...

Scena VIII

Klara, Papkin, Wacław, Cześnik, Dyndalski, hajduki z różnych stron
CZEŚNIK
zastępując w drzwiach lewych
Hola! Hola! mocium panie!
Objechałem jak bartnika.
WACŁAW
I cóż złego mi się stanie?
Widzę dużo przeciwnika,
Lecz nie myślcie, że się boję. -
do Cześnika
Jeśliś zbójca - masz mię, stoję;
Ale jeśliś człowiek prawy,
Jaka taką daj szablinę -
W Bogu wiara, że nie zginę.
CZEŚNIK
Lubię, chłopcze, żeś mi żwawy.
Lecz nie o tym terz mowa,
Daj więc baczność na me słowa:
Rejent wykradł narzeczonę
I chce tobie dać za żonę.
Miałby tryumf w tym sposobie,
Lecz ja umiem radzić sobie -
Lub do turmy pójdziesz na dno,
Gdzie, że siedzisz, ciężko zgadną,
Albo - rękę oddasz Klarze.
A jeżeli Starościanka
Pójść nie zechcve do ołtarza,
Jest tu druga, jej bratanka,
Tej z aciebie pójśc rozkażę.
Tobie żona jakby nimfa,
Podstolinie grochowianka,
Rejentowi tęga fimfa,
A mnie zemsta doskonała -
Tak się skończy sprawa cała.

WACŁAW
Ale...
CZEŚNIK
Tutaj nie ma ale.
WACŁAW
Zaraz...
CZEŚNIK
Zaraz - albo wcale...
WACŁAW
do Klary
Mamyż wierzyć?
KLARA
Ha, to wierzmy...
do Cześnika
Ślub brać dziś?
CZEŚNIK
Dziś
Klara obraca się ku Wacławowi jakby o odpowiedź
WACŁAW
Ha, więc bierzmy.
Zatem ręk daj dziewicy,
Nie od tego, widzę - ona;
Pleban czeka już w kaplicy -
Dalej żwawo!
na stronie
Rejent skona.
Odchodzą do kaplicy
PAPKIN
testament w ręku
O fortuno tygrysico!
I trucizna, i wesele -
To za wiele! to za wiele!
Odchodzi do kaplicy.

Scena IX

DYNDALSKI
zbierając kawałki swojego pisma
Jak co sobie ubrda w głowie,
To i klinem nie wybije.
Żebym pisał co się zowie,
Jak już długo z Bogiem żyję,

Tegom jeszcze nie powiedział -
Grzechem prezumpcyja taka,
Ale jednak rad bym wiedział,
Czemum dzisiaj zszedł na żaka?...
Co on sobie, tylko proszę,
Mógł do tego B upatrzyć?
Czy brak w kształcie, czy brak w mierze?
Ot - Krzyż Pański, a ja znoszę.
Siada i składa kawałki

Scena X

Dyndalski, Rejent
Rejent wchodzi, oglądając się na wszystkie strony
REJENT
kładąc rękę na ramieniu Dyndalskiego, który go nie widział
Dobry wieczór, panie bracie.
Cóż to, dżumę w zamku macie?
Żywej duszy... Nie ma komu
Odpowiedzieć: pan czy w domu.
DYNDALSKI
Jest, do usług...
REJENT
Rzecz ciekawa -
Cześnik wyzwał mnie na rękę,
Acz nie moja to zabawa,
Rzekłem jednak: wola nieba,
Z nią się zawsze zgadzać trzeba.
I wyszedłem, i czekałem,
Tak, czekałem - nadaremnie.
Może wróżył zbyt zuchwale,
Że mu Rejent nie dotrzyma;
Ale Rejent był na dziale,
DYNDALSKI
Ej, łaskawy mój Rejencie,
Nie wyzywaj go na cięcie,
Bo jak machnie po pętlicach,
Zdywiduje, jak Bóg Bogiem.
GŁOSY
w kaplicy
Wiwat, wiwat - państwo młodzi!

REJENT
Któż wesele tu obchodzi?
DYNDALSKI
Rejentowicz.
REJENT
jak oparzony
Być nie może!
CZEŚNIK
za sceną
Hej, Dyndalski! tam do czarta!
Okulbaczyć mi dzianeta!
wychodząc
Już kaducznie przeszła czwarta.

Scena XI

Cześnik, przyszedłszy na przód sceny, postrzega Rejenta - staje jak wryty. Rejent kłania się nisko. - Czas milczenia - oko w oko patrzą. - Cześnik chwyta za szablę, toż samo i Rejent. Czas jakiś zastanowienia: Cześnik zdaje się walczyć z sobą. Dyndalski wybiega do kaplicy.
CZEŚNIK
na stronie
Nie wódź mnie na pokuszenie,
Ojców moich wielki Boże!
Wszak, gdy wstąpił w progi moje,
Włos mu z głowy spaść nie może.
Odpasuje i rzuca karabelę na stół. Rejent zawiesza czapkę na rękojeści swojej szabli
Czegóż żądasz?
REJENT
Mego syna.
CZEŚNIK
Ha ha! rozkosz mi jedyna!
Będziesz zadość miał z tej strony -
Ale z żoną czy bez żony?
REJENT
wstrzymując się
To... za wiele...
CZEŚNIK
Tyś mi ukradł moją wdowę,
By ją zmienić na synowę -

Jam zatrzymał twego syna,
By mu sprawić tu wesele;
Masz więc byka za jendyka.

Scena XII

Ciż sami, Klara, Wacław, Papkin, Dyndalski, dworzanie, kobiety.
Wszyscy z bukietami wychodzą z kaplicy.
WACŁAW
Ach, mój ojcze!
KLARA
Ach, mój stryju,
Niech się skończy ta zawiłość!
WACŁAW
klękając
Przebacz, ojcze, i wzajemną
Pobłogosław nasza miłość.
REJENT
Wstań, serdeńko, i chodź ze mną.

Scena XIII

Ciż sami, Podstolina
PODSTOLINA
Mamże wierzyć co się dzieje?
Wacław z Klarą...
REJENT
na stronie
Oszaleję!
PODSTOLINA
Tak jest, wierzę - już się stało.
Więc wam powiem - i niemało:
Chciałam za mąż pójść czym predzej,
By nie zostać całkiem w nędzy.
Ów majątek zapisany -
Na czas tylko był mi dany,
A w istotnym wiecznym darze
Dziś przypada szczęsnej Klarze.
REJENT
na stronie
Dwa majątki - kąsek gładki,
Coś stryjowi żal tej gratki.

CZEŚNIK
na stronie
Zamieniał stryjek
Za siekierkę kijek.
PODSTOLINA
Ale przez to dziś nie tracę -
U Rejenta sto tysięcy...
KLARA
Nie - ja z mego te zapłacę.
Podstolina przechodzi na prawą stronę
Klara do Rejenta
Nie opieraj się już więcej,
Swego gniewu zwalcz ostatki,
Pobłogosław twoje dziatki.
Klęka z Wacławem, któremu podaje prawą rękę
REJENT
Niech się dzieje wola nieba,
Z nią się zawsze zgadzac trzeba.
Daje krzyżyk i podnosi klęczących
PAPKIN
do Wacława
Mogę przestac na twym słowie?
Ręczysz pewnie za me zdrowie?
na znak potakujacy, do Cześnika
Teraz wzywam waszmośc pana!
Każ nam przynieść roztruchana,
Niech nam zagrzmia i fanfary,
Wypijemy pierwszej pary!
Przechodzi na lewą stronę i drze testament
CZEŚNIK
Niechże będzie dziś wesele
Równie w sercach, jak i w dziele.
podając rękę Rejentowi
Mocium panie, z nami zgoda
Rejent przyjmuje rękę z niskim ukłonem
WSZYSCY
Zgoda! Zgoda!
Wacław wstąpiwszy w środek, tak że Klara po jego prawej,
podaje rękę Cześnikowi, on zaś ojcu po lewej, i posuwając
się na przód sceny:

WACŁAW
Tak jest - zgoda,
A Bóg wtedy rękę poda.

KONIEC

Also Available from JiaHu Books

Chłopy
Ziemia obiecana
Faraon
Bunt
Ludzie bezdomni
Wampir
Quo vadis?
Pan Taduesz
Na wzgórzu róż
Kariera Nikodema Dyzmy
Utwory wybrane – Maria Konopnicka
Osudy dobrého vojáka Švejka za světové války
Válka s molky
R.U.R.
Hordubal
Krakatit
Továrna na absolutno
Povětroň
Obyčejný život
Babička
Hiša Marije Pomočnice
Judita
Dundo Maroje
Suze sina razmetnoga
Az arany ember
Szigeti veszedelem

www.ingramcontent.com/pod-product-compliance
Lightning Source LLC
Chambersburg PA
CBHW031412040426
42444CB00005B/525